ABD-RU-SHIN
FRAGENBEANTWORTUNGEN

ABD-RU-SHIN

FRAGEN-BEANTWORTUNGEN

1924 – 1937

VERLAG ALEXANDER BERNHARDT
VOMPERBERG · TIROL

Abd-ru-shin, Fragenbeantwortungen 1924 – 1937.
Neuauflage 2011.
Verlag Alexander Bernhardt, Vomperberg, Tirol.

Copyright © 2011 by Siegfried Bernhardt, Vomperberg, Tirol.
Alle Rechte vorbehalten.

ISBN 978-3-902767-02-8

6134 Vomp – Österreich
E-Mail: verlag@alexander-bernhardt.com
www.alexander-bernhardt.com

VORWORT

Ich erhalte oft Schreiben aufrichtigen Dankes, die in mir große Freude auslösen. Doch der ernsthaft Suchende, der durch die Vorträge ein Findender wurde, kann seinen Dank dafür nur an Gott selbst richten. Wenn ich zum Mittler werden konnte, ist doch die *Gabe* nicht von mir. Ich bin nichts ohne Gott und könnte auch nichts geben ohne ihn.

Als Beispiel möchte ich nur folgendes anführen: Wenn einem Menschen durch einen Diener ein Geschenk überbracht wird, so bedankt er sich nicht bei dem Diener, sondern bei dem Geber selbst. Nicht anders hier. Wenn es mir vergönnt ist, aus Quellen zu schöpfen, die anderen verschlossen sind, so habe ich doch selbst die größte Ursache dazu, dem, der mir dies vergönnt, zu danken!

1. WOHLTATEN AUS EHRSUCHT

FRAGE:

Der Vortrag über »Schicksal« regt zu der Frage an, wie die Gerechtigkeit sich in der Wechselwirkung bei Menschen auswirkt, die große Schenkungen machen, aber nicht mit der Empfindung dabei sind, sondern die Wohltätigkeit nur aus »Mode« üben oder um dadurch einen »Namen« zu erhalten.

ANTWORT:

Der Vorgang ist klar zu überschauen. Er erfolgt genau den Gesetzen entsprechend. Die Umgebung eines jeden Menschen ist durchtränkt von der Art seines *wirklichen* Empfindens, bildet also eine gleichartige feinstoffliche Schicht um ihn. Selbsttäuschungen schalten bei diesen Vorgängen von selbst aus als nicht lebensfähig. Hat nun ein Mensch ehrlich gutes Wollen in sich großgezogen, so wird auch die ihn umgebende Schicht von gleicher Art sein. Zurückkommende Wechselwirkungen übler Art von früher her werden nun von dieser ihnen entgegenstehenden Schicht aufgehalten und abgelenkt oder aufgesaugt und zersetzt, bevor sie den Menschen selbst zu treffen vermögen, und somit ganz beseitigt oder doch bedeutend abgeschwächt, so daß ihm damit durch sein ernstes gutes Wollen die Vergebung früherer Übel wurde.

1. WOHLTATEN AUS EHRSUCHT

Umgekehrt ist es nun bei denen, die durch Schenkungen wirklich Gutes stiften, dies aber nur mit der Absicht ausführen, selbst dabei zu gewinnen, sei es auch nur, um viel genannt zu werden, also aus Eitelkeit, oder um irgendeinen Rang oder Namen zu erhalten, also aus Ehrgeiz.

Das Gesetz der Wechselwirkung wird sich unbedingt dabei in jeder Beziehung erfüllen. Von dort, wo seine Schenkung Segen stiftete, strömt auf jeden Fall das Gute auf den Spender zurück, in gleicher Art dessen, was es Gutes bewirkte. Nun ist aber das Innere und demnach auch die Umgebung des Spenders von Egoismus, dem Drang nach dem eigenen Vorteil, durchtränkt, oder auch von anderem Übel. Das nun zurückströmende Gute wird zuerst diese Schicht treffen, ebenfalls von dieser aufgehalten, abgeleitet, aufgesaugt und zersetzt werden, so daß die Person selbst nichts von dieser guten Wechselwirkung erhalten kann oder doch nur einen sehr abgeschwächten Teil.

Ob das zurückströmende Gute nun ganz abgelenkt wird oder in welcher Stärke es abgeschwächt wird, bevor es den Menschen innerlich erreicht und somit zur eigentlichen Auswirkung kommt, liegt lediglich an der Stärke des inneren Empfindens des Betreffenden. Ist dieses stark vom Übel, so ist er selbst schuld, wenn das für ihn in der Wechselwirkung bestimmte Gute nicht an ihn heran kann. Bei weniger starkem Übel wird aber doch ein Teil des Guten bis zu ihm durchdringen, womit er dann genau den Anteil seines eigentlichen inneren Wertes erhält, nicht mehr und nicht weniger. Bis dicht an ihn heran kommt es,

1. WOHLTATEN AUS EHRSUCHT

und es kann sich dadurch ganz gut in seiner Umgebung, in äußeren irdischen Dingen auslösen, die vergänglich sind, aber ihn selbst vermag es nicht zu treffen, daß er ewigen Gewinn davon hätte, der allein Wert besitzt.

Ein Unterschied liegt auch schon darin: Gibt der Betreffende aus offener Empfindung heraus, nur um des Helfens willen, so knüpft sich dabei sofort ein Faden, der von ihm ausgehend bis zu dem Punkte kommt, wo durch seine Hilfe Segen ersprießt und für die Wechselwirkung den direkten Weg bildet zurück zu ihm. Dadurch ist die Wirkung eine viel direktere, geschlossenere. Ist seine Empfindung bei dem Geben jedoch nicht in gleicher Art beteiligt, so fehlt dieser von ihm ausgehende Faden als Verbindung mit dem Ort, wo seine Gabe zur Wirkung kommt, weil er zu der Gleichart der Empfindung hinleitete. Die gute Wechselwirkung kann deshalb auch nicht so fest geschlossen zu ihm gelangen.

Es sprechen auch hierin noch viele andere Nebenumstände mit, deren Anführung das Bild nur verwirren könnte, trotzdem sie alle dazu beitragen, die Art der sich auswirkenden Gerechtigkeit in der Wechselwirkung auf das feinste abzutönen, so daß auch nur an ein Atom von Ungerechtigkeit in allem Geschehen gar nicht gedacht werden kann. Diese Möglichkeit ist vollkommen ausgeschlossen durch das wundervolle Ineinanderarbeiten der weisen Gesetze des Schöpfers, so daß jeder empfängt, was ihm zukommt, auf das schärfste abgewogen. Es darf dabei nur nicht vergessen werden, daß sich von dem allen selten viel

1. WOHLTATEN AUS EHRSUCHT

während eines kleinen Erdenlebens abspielt, sondern nur Bruchstücke. Das ganze Geschehen verteilt sich auf das ganze Sein.

2. VERANTWORTUNG DER RICHTER

FRAGE:

Ist ein Richter geistig von der Verantwortung entbunden, wenn er im Dienste aus Ehrgeiz Übereifer entwickelt und das, was allgemein unter Menschlichkeit verstanden wird, zur Seite stellt in der Überzeugung, seine Pflicht damit zu erfüllen?

ANTWORT:

Solchen wäre besser, nie geboren zu sein. Die schützende Wand »Dienst und Pflicht« wird mit dem irdischen Abscheiden weggezogen. Für alle seine Entschlüsse und Handlungen ist er wie jeder andere Mensch *rein persönlich* verantwortlich. Eine irdisch falsch eingestellte Überzeugung ändert daran nichts. Diese vermag nur ihn selbst zu täuschen. Es kommt immer darauf an, *wie* er sein Amt ausübt. Er muß die Liebe zur Grundlage nehmen; denn nur in der wahren Liebe liegt Gerechtigkeit.

3. UNGLÄUBIGE PREDIGER

FRAGE:

a) Wie ist es mit Predigern, die ihr Amt nur als ernährenden Beruf betrachten und nicht an alles wirklich glauben, was sie lehren? b) Hat ein durch solche Menschen gereichtes Abendmahl auch Wirkungskraft?

ANTWORT:

a) Die Wechselwirkungen fragen nicht nach irdischen Ämtern und Würden, sondern geben jedem das Seine. Damit sind *alle* derartigen Fragen gelöst. b) Die Wirkung des Abendmahles richtet sich hauptsächlich nach dem Innenleben *des Empfängers*. Ist dieser richtig darauf eingestellt, erhält er die seiner Einstellung entsprechende Kraft, auch wenn das Abendmahl durch solche Hand gegeben wird. Wenn Christus bei allem besonders betonte: »Dir geschehe, wie du geglaubt hast!«, so weist er damit immer deutlich auf das Gesetz der Wechselwirkung hin. Ein jeder kann nur das erhalten, worauf er eingestellt ist, nichts anderes. Seien es nun geistige oder körperliche Kräfte. Sonst würde ja leicht Ungerechtigkeit in die heiligen Gesetze der Schöpfung einfließen. Und das ist unmöglich.

4. VERLEUGNUNG DER GOTTESKINDSCHAFT

FRAGE:

Abd-ru-shin sagt, daß nicht alle Menschen Gottes Kinder seien. Es steht aber geschrieben: Wer die Gotteskindschaft leugnet, sündigt wider den Heiligen Geist!

ANTWORT:

Was geschrieben steht, verlangt in erster Linie auch richtig verstanden zu werden. Dem Fragenden sei deshalb Dank, daß er diese Frage stellte. Jeder also Fragende gibt damit oft vielen Menschen etwas, ohne darum zu wissen.

Der Vortrag: »Der Mensch und sein freier Wille«, in dem gesagt ist, daß nicht alle Menschen Gottes Kinder seien, gibt gleichzeitig auch Antwort auf die oben gestellte Frage. Mit der Tatsache, daß nicht alle Menschen Gottes Kinder sind, wird die Gotteskindschaft nicht geleugnet.

Die Gotteskindschaft leugnet nur derjenige Mensch, der die in seinem Geistsamenkorn enthaltenen, ihm also vom Heiligen Geist geschenkten Fähigkeiten zur Gotteskindschaft vernachlässigt, also nicht genügend entwickelt und sie verkümmern läßt, so daß sie nicht zur Geltung und zum Wachstum kommen können. *Das ist die Verleugnung der Gotteskindschaft!* In dieser Vernachlässigung liegt eine Verleugnung. Damit sündigt er aber selbstver-

4. VERLEUGNUNG DER GOTTESKINDSCHAFT

ständlich auch gleichzeitig wider den Heiligen Geist, der ihm in dem Samenkorn die Fähigkeiten zur Gotteskindschaft gab, damit sie entwickelt und großgezogen werden sollen.

Wer dies unterläßt, wird nie ein Kind Gottes sein oder werden, trotz seiner Anwartschaft darauf, das heißt seiner Möglichkeit dazu, die ihm das Geschenk des Heiligen Geistes schon im Samenkorn verhieß. Durch Nichtachtung, also Verleugnung dieses Geschenkes, hat er gesündigt und damit die Erfüllung der hohen Verheißung unmöglich gemacht.

5. DIE KONFIRMATION

FRAGE:

Welche Wirkung und welchen geistigen Zweck hat die Konfirmation in der evangelischen Kirche?

ANTWORT:

Die Konfirmation würde geistige Wirkung und geistigen Zweck haben, auch ohne Zweifel großen Segen bringen können, wenn sie als Grundlage einen reinen geistigen Sinn hätte. So aber ist dies *nicht* der Fall, sondern sie betrifft überhaupt nicht Religion oder Glauben an sich, wie es *jede* Handlung tun sollte, die vor dem Altar, also dem Tische des Herrn, vorgenommen wird, sondern sie ist lediglich ein Akt der Kirche als Organisation, der damit auf gleiche Stufe mit irgendeinem Vereinsgebrauche kommt.

Der Beweis dafür, daß es so ist und nicht anders sein kann, liegt darin, daß für die Zulassung zu einer Konfirmation der evangelischen Kirche nicht der seelische Wert, die innere Reife, der Drang zur Gottheit und auch nicht das geistige Wissen entscheidend sind. Denn die Kirche lehnt eine diesbezügliche Prüfung einfach rundweg ab, wenn nicht ihre »Organisationsvorschrift« erfüllt ist, die ohne Ausnahme schematisch bedingt, daß eine Konfirmation *nur dann* ausgeführt werden darf, wenn der darum

5. DIE KONFIRMATION

Nachsuchende eine bestimmte Anzahl von Monaten Konfirmandenunterricht bei einem von der Kirche dazu bestimmten Geistlichen, also Angestellten der Kirche, erhalten hat.

Es ist also dadurch nicht möglich, konfirmiert zu werden, auch wenn sich der darum Nachsuchende bereit erklärt, jede Prüfung in seelischer und geistiger Art abzulegen, wodurch er Wert und Reife für eine Konfirmation beweisen kann. Es werden demnach durch diese Vorschrift auch reife und wertvolle Menschen von der Kirche nicht zur Konfirmation zugelassen und zurückgewiesen, wenn sie ihre Reife und ihren Wert auf andere Art erworben haben, als durch einen Angestellten der Kirche, trotzdem dies sehr oft viel wertvoller sein kann als der verstandesmäßige Konfirmandenunterricht.

Es ist selbstverständlich, daß diese Bestimmungen unter keinen Umständen gelten dürfen, wenn es sich hierbei um einen geistigen und seelischen Gewinn des Menschen handeln könnte. Derartiges wäre dem hohen Christuswillen, in dem die Kirche als solche sich betätigen *muß*, direkt hemmend zuwiderarbeitend. Es würde unter keinen Umständen in dem Geist und in dem Sinne des großen Heilbringers sein, der nie beabsichtigte, eine Kirche oder eine Religion zu gründen, sondern dessen Aufgabe es war, die Seelen *frei* zu machen.

Aus diesem Grunde *muß* die Konfirmation nur eine reine Äußerlichkeit sein, nur eine Aufnahme in die *Organisation* der Kirche als solche. Es darf nicht verwechselt

5. DIE KONFIRMATION

werden mit einer näheren Zugehörigkeit zu Gott. Sie kann deshalb auch den Menschen, die konfirmiert werden, nur Organisationsnutzen und Organisationspflichten bringen, weiter nichts.

In solchem Sinne wird es wohl auch die Kirche selbst ansehen, da sie sich sonst eine Unterlassung und eine Anmaßung durch Ausschließung zuschulden kommen lassen würde, die in der Wechselwirkung sehr ernst werden müßte. Ganz abgesehen davon, daß es einem gefährlichen Dünkel gleichkäme, der bei den Pharisäern zu Christi Zeiten kaum größer war. *Und das ist von der Kirche nicht zu erwarten!* Denn da die christlichen Kirchen nur im Geiste Christi und nach seiner Lehre arbeiten, ergibt eine derartige einengende Bestimmung, daß die Konfirmation *nicht* zu geistigen Handlungen oder Fortschritt bringenden Dingen gehört, sondern lediglich eine Äußerlichkeit der weltlichen Organisation sein kann.

Wäre es anders, so bedeutete die Einschränkung durch die Bestimmungen einen Fehler, dessen Tragweite nicht erst beleuchtet zu werden braucht. Zum geistigen Aufstiege kann also die Konfirmation nicht unbedingt gerechnet werden. Was der einzelne durch diese Handlung innerlich dabei gewinnt, kommt durch seine eigene, persönliche Einstellung.

6. GOTTMENSCHEN

FRAGE:

Es wird verschiedentlich in neueren Büchern darauf hingewiesen, daß einst die Zeit der Gottmenschen kommen wird, der vollkommenen Edelmenschen. Ist das die Zeit des tausendjährigen Reiches?

ANTWORT:

Es kommt nicht die Zeit *der* Gottmenschen, sondern die Zeit *des* Gottmenschen! Hier liegt der Irrtum wieder in dem Versuch der Verallgemeinerung einer bisher nicht verstandenen *persönlichen* Verheißung.

Niemals wird es Gottmenschen geben können außer dem einen, der von Gott ausgegangen ist: Imanuel, der Menschensohn. Die vollkommensten Edelmenschen können in höchster Vollendung aus der Natur der Sache heraus nur *Geist*menschen werden, niemals aber göttlich.

7. DIE GRALSBEWEGUNG

FRAGE:

Hat die Gralsbewegung irgendwelche Verbindung mit einem der bestehenden Grals-Orden oder solchen Vereinigungen, die sich ähnlich nennen?

ANTWORT:

Die Gralsbewegung steht in *keinerlei* Verbindung mit irgendeinem bekannten Orden oder Verein. Sie würde in ihrer unbedingten Selbständigkeit auch jeden Anschluß ablehnen.

8. SOZIALE UND POLITISCHE BETRACHTUNGEN

FRAGE:

Wird sich Abd-ru-shin nicht auch über so manche brennende soziale und politische Frage äußern?

ANTWORT:

Über Sozialpolitik und ähnliche Dinge äußere ich mich *nicht!* Wenn tausend andere es frei und unbelästigt tun können, so würde man bei mir ganz ohne Zweifel irgend etwas darin suchen; denn sonderbarerweise ist man stets bemüht, selbst meinen harmlosen Bestrebungen und rein sachlich-logischen Vorträgen Absichten zu unterlegen, die mir vollkommen fernliegen. Sogar den *privatesten* Unterhaltungen möchte ich mich entziehen, zu denen jeder andere Mensch ein *unbeschränktes Anrecht* hat. Mir sind schon oft die widerlichsten Anfeindungen daraus entstanden. Wenn ich auf eine Frage nur ein *Gleichnis* bringe oder Gesehenes zu Anschauungen mit verwende, z. B. aus ernsten Forschungskreisen berühmter Medien, unter ausdrücklichem Hinweis darauf ... flugs findet sich dann jemand, der es entstellend mir *persönlich* zuzuschieben sucht und mit Ausschmückungen und Zutaten der eigenen Phantasie schnell weiterkolportiert oder zu unsauberen Zwecken gar verwendet.

8. SOZIALE UND POLITISCHE BETRACHTUNGEN

Was nützt es, wenn derartige Vorkommnisse in den Augen ernster Menschen nur scharfe Streiflichter auf *die* werfen, die mich damit zu schädigen versuchen? Was nützt es, wenn mir daraufhin von vielen Seiten immer die Versicherungen kommen, daß dies der beste Beweis dafür ist, *wie ernst man meine Worte nimmt!* Der Abscheu bleibt mir doch dabei. Wenn dies nun schon auf geistigem Gebiete ist, wie sollte es auf anderen Gebieten werden!

Ich schweige deshalb lieber, wenn ich auch mit derselben Einfachheit und Sicherheit so vieles scharf durchleuchten und so manche Wege weisen könnte. Ich will in Ruhe meine Arbeiten fortführen und vollenden, die so viel Anklang finden. Aus diesem Grunde bitte ich, Fragen dieser Art in Zukunft nicht mehr einzusenden.

9. DIE KUNST DES ATMENS

FRAGE:

Wird Abd-ru-shin auch über die Kunst des Atmens Aufklärungen bringen?

ANTWORT:

Ich werde auch noch auf die Kunst des Atmens zu sprechen kommen. Die bekannten Lehren darüber sind gut, und Tausende werden deren Segen ja schon an sich selbst erlebt haben. Mein Vortrag darüber soll aber *tiefere* Aufklärungen bringen. Er wird das bisher darüber Bestehende nur fördern, nicht verwerfen, und allen denen, die sich damit beschäftigen oder danach suchen, *neue* Wege zeigen sowie die Möglichkeit geben, daß sie sich der *eigentlichen* Vorgänge dabei voll bewußt werden, die heute noch gar nicht bekannt sind, und dadurch um so leichter, schneller und weiter vorwärtskommen als bisher.

10. KIRCHENBESUCH

FRAGE:

Ist für Suchende Kirchenbesuch anzuraten?

ANTWORT:

Auch durch die Kirchen geht der Weg zur Wahrheit. Ausschlaggebend dazu ist immer nur die innere Beschaffenheit des Einzelmenschen. Im Besuch der Kirche schreitet der Mensch vorwärts, wenn der Besuch ihm wirklich zur Sammlung dient, zur Anregung, sein Inneres für diese Zeit von allen Erdenkleinigkeiten abzulenken und Verbindung mit dem Licht zu suchen. Viele *brauchen* den Besuch der Kirchen. Wie *er,* der Einzelmensch, sich dabei öffnet, so viel wird er erhalten. Manche finden Andacht nur im Walde, andere am Meere, wieder andere in der Musik und zahlreiche tatsächlich *nur* in Kirchen. Letztere sollen die Kirchen *nicht* meiden!

Es gibt in *allen* Konfessionen Prediger, die als dazu Geborene, also Berufene, benannt zu werden verdienen. Der Mensch muß nur lernen, in sich *lebendig* zu werden, das abzuwägen und zu prüfen, was ihm dargereicht wird; denn er ist ja für sich selbst auch ganz allein verantwortlich. Sobald er sich darum bemüht, wird er schon das Rechte ganz genau empfinden.

10. KIRCHENBESUCH

Das Kirchengehen ganz allein kann einem Menschen natürlich keine Seligkeit bringen; es nützt ihm nichts, wenn er nicht selbst in sich dazu *erwacht!*

Es liegt an jedem Menschen selbst und immer wieder nur an ihm, ob er in sich nach oben geht oder dem Dunkel zu. Wenn er auch kurze Strecken falsche Wege wandelt, so kann ihm solches, recht betrachtet, auch nur nützen; denn er erkennt, wie er es *nicht* tun soll, und wird sich dann in Zukunft davor hüten. Die Trümmer eines solchen Weges muß er stets zu Stufen verwenden, die ihn um so schneller aufwärts führen. Die Kirchen sind ganz gut, aber die Menschen, die *Besucher* dieser Kirchen, sind in sich erstorben. Wenn sie Leben in sich bringen, werden sie auch in den *Kirchen* finden, was sie brauchen.

11. RÜCKFALL IN ALTE FEHLER

FRAGE:

Was geschieht, wenn nach Gebetserhörung ein Mensch wieder in seine alten Fehler zurückfällt?

ANTWORT:

In den meisten Fällen bringt es der Mensch leider nur in ernster Not fertig, mit ganzer Inbrunst zu seinem Gott zu beten. Ist die Not vorüber, so werden die Gebete schnell flacher, nebensächlicher, und oft hören mit Erfüllung auch alle Vorsätze wieder auf, die der erst so dringend Bittende hatte, weil »andere, notwendigere Interessen« an ihn herantreten. Alles wird wieder selbstverständlich, alltäglich, minderwertig. Die Gedanken sind anders eingestellt, auf Äußerliches, Irdisches.

Aber das ist ein altbekannter Vorgang, der schon vor Jahrtausenden nicht anders war als heute.

Krankheit z. B. gibt dem Menschen Zeit zum Nachdenken, die er später nicht mehr zu haben glaubt, nur weil er sich wieder zu viel davon ablenken läßt, manchmal von recht nebensächlichen Dingen. Nie wird er so ehrlich sein, zuzugeben, daß er einfach nicht anders will!

Bleiben wir einmal bei Kranken. Irgendein Kranker weiß, daß es zu Ende gehen muß, auch wenn es noch lange

11. RÜCKFALL IN ALTE FEHLER

währen kann. Daß seine Gedanken unter vielleicht quälenden Schmerzen ernster werden im Hinblick auf das Ende der Krankheit, und damit auf das Abscheiden, ist selbstverständlich. Ebenso, daß er dabei seelisch weich und mürbe wird. Es erwachen wohl auch alle möglichen Gedanken und gute Vorsätze darüber, wie ganz anders er sein Leben einstellen würde, wenn er allem Erwarten entgegen von den Schmerzen noch einmal befreit sein könnte und ... noch nicht zu sterben brauchte. Ganz zaghaft, wie ein unwahrscheinliches, großes, unverdientes Glück leuchtet eine derartige Möglichkeit in weiter Ferne auf.

Solche Gedanken geben aber verborgene Wünsche wieder und sind oft innigere Gebete als direktes Flehen um Gesundung, weil sie in derartigen Lagen wirklich rein und demutsvoll sind.

Wird einem solchen Menschen nun zur Überraschung vieler eine Gnade unverhoffter Besserung zuteil, so geschieht es oft, daß mit der allmählichen Kräftigung des kranken Körpers auch die früheren Fehler wieder auferstehen! Und dann kommt das, was schon so oft geschah und was noch oft geschehen wird: Der Mensch glaubt zwar von sich, daß er die neuen Wege geht, die er sich vorgenommen hat, in Wirklichkeit sind es jedoch die *alten Wege* wieder, nur in neuer Form. Die Macht des freien Willens wird dabei zum Fluche statt zum Segen.

Mit jedem Wiederabwärtsgleiten verengt sich auch naturgemäß der Horizont seines Begreifens, so daß er niemals dieses Abwärtsgleiten sehen kann und anderen nicht

11. RÜCKFALL IN ALTE FEHLER

glaubt, die ihn zu rechter Zeit noch darauf aufmerksam zu machen suchen, und plötzlich ist er stärker schuldbeladen als zuvor. Es sind dies solche Fälle, wo es besser gewesen wäre, daß Hilfe niemals kam. Deshalb bringt die Erhörung einer Bitte nicht für jeden Menschen unbedingten Segen.

Für solche wortbrüchig zu Nennenden kommt aber nun kein Blitzstrahl strafend aus der Höhe, ebensowenig wird er schleunigst wieder krank und stirbt. Nur naiver, unwissender Sinn erwartet solche Dinge. Das würde ja ein Willkürakt des Schöpfers sein, entgegen seinen eigenen Gesetzen. Gab er in seiner Gnade die Genesung oder Besserung, so wurde diese Hilfe in natürlichem Geschehen, ganz im Rahmen der vollkommenen Gesetze. Nichts anderes. Der Schöpfer kann und wird nicht ohne weiteres diese Gesundung oder Besserung fortnehmen, nur weil die Hilfe als Geschenk ein Mensch erhielt, der später durch seinen freien Willen und die alten Fehler zu einem Unwürdigen wurde. Erneutes Kranksein wird dann nur erfolgen durch eine neue, körperliche Ursache. Es sei denn, daß noch von der alten Krankheit ein Rest übrig war, der wiederum zu neuer Tätigkeit ersteht.

Es wäre deshalb falsch, bei derart vorkommenden Fällen etwa Ungerechtigkeit des Schöpfers darin zu erblicken oder gar zu denken, daß die Besserung auch sonst gekommen wäre und gar keine besondere Begnadung war. Noch schlimmer aber ist es, in dem Wahn zu leben, daß das weitere Wohlbefinden ein Beweis dafür sei, daß dieser Mensch den rechten Weg einhalte!

11. RÜCKFALL IN ALTE FEHLER

Das letzte birgt die größte der Gefahren! Ein Selbstbetrug, so schön, beruhigend, daß ihn viele Menschen gern sich vortäuschen. Des Menschen Schuld dabei kann jahrelang unfühlbar sein, vielleicht sogar bis er hinübergehen muß. Dann wird er allerdings sehr schnell erkennen, was er tat. Es sind bedauernswerte, nicht immer verdammenswerte Menschen.

Wie aber hier bei Krankheit, ganz genauso ist es auch bei anderen Gebetserhörungen, wie überhaupt bei *jeglichem* Geschenke aus der Höhe! Auch wenn ein Mensch schon bei der Geburt oder erst zu bestimmter Zeit eine besondere Befähigung erhalten hat, zu einem Zweck, den er nicht recht erfüllt, so wird ihm die Befähigung dann nicht sofort genommen. Sie kann jedoch nicht *den* Aufschwung erhalten, den sie auf *rechtem* Wege sonst erreicht hätte.

Auf jeden Fall ist sie nach *jener* Richtung hin sehr stark verdunkelt und verwischt, wozu sie eigentlich gegeben war. Diese Unfähigkeit darin löscht aber nicht gleichzeitig die Sehnsucht aus, sich nach dem hohen Ziele hin noch zu betätigen. Wenn dazu nun noch die Verengung des Begriffsvermögens kommt, so gibt das ein Gemisch, welches viel Schaden und Verwirrung anrichtet. Ein solcher Mensch glaubt unbedingt, ganz in Erfüllung seiner Aufgabe zu stehen und auch den rechten Weg zu gehen, ebenso etwas darin zu können. Und doch ist alles falsch.

Dem so Begnadeten und nicht Erfüllenden fehlt dabei jede Hilfe aus dem Licht, dem er sich selbst verschloß, und damit auch die notwendige Führung. Das Selbst- und

11. RÜCKFALL IN ALTE FEHLER

Besserwissenwollen nützt ihm nichts. Es wird für ihn zum ärgsten Fallstrick seines Lebens. Sobald er dann hinüberkommt, muß er Abrechnung geben über alles anvertraute Gut, wie Christus in so vielen Gleichnissen den Vorgang der Auslösung unbedingter Wechselwirkung treffend schildert. –

Vorstehende Erklärungen sollen dem Fragesteller lediglich als ungefähre Richtschnur dienen für seine eigenen Betrachtungen, die er nach seiner Frage doch wohl machen will. Doch alles, was er wissen will, ist schon in meinen Vorträgen deutlich gesagt, er braucht nur jedem Gange des Geschehens recht zu folgen.

12. VERLAGSZEICHEN

FRAGE:

Das Verlagszeichen auf den Büchern und Heften ist vielen Lesern ein Rätsel und erregt den Wunsch, dessen Bedeutung zu erfahren. Unwissende oder Übelwollende versuchten sogar eine allerdings recht sonderbare Erklärung dafür zu finden, indem sie die Schlange als den Ausweis dafür hinstellen wollten, daß Abd-ru-shin unbewußt mit seinen Vorträgen für das Dunkle, also Böse und Schlechte, arbeite. Die Schlange dabei als Symbol alles Bösen gedacht.

ANTWORT:

Nun, etwas Derartiges kann man wohl nur ganz Unwissenden und Gedankenlosen vorsetzen. Wer auch nur einigermaßen Bildung sein eigen nennt, wird wissen, daß die Schlange, die sich in den Schwanz beißt, auch noch ganz anderes und Gegenteiliges symbolisiert, wie z.B. den Begriff der Unendlichkeit. Es könnte also ganz gut das A und der Kreis der Schlange bedeuten, daß mein Studium die Unendlichkeit zu erforschen sucht, oder meine Vorträge sich mit den Vorgängen in der Unendlichkeit befassen. Ebensogut aber kann man sagen, die Schlange soll nicht den Begriff der Unendlichkeit wiedergeben, sondern das O, so daß also das Verlagszeichen andeutet: Der

12. VERLAGSZEICHEN

Verlag ist bestrebt, alles zu vermitteln, was das A und das O des geistigen Wissens sein kann, was also zwischen dem Anfang und dem Ende liegt. *Das* ist auch der gewollte Sinn des Zeichens.

13. HAT ABD-RU-SHIN GEGNER?

FRAGE:

Warum hat Abd-ru-shin so viele Gegner?

ANTWORT:

Anfeindungen habe ich, jedoch keine Gegner. Das ist zweierlei. Als ehrlicher Gegner kann nur in Betracht kommen, wer rein sachlich etwas zu entgegnen weiß, da auch ich immer nur rein sachlich und unpersönlich bleibe. Solche Menschen jedoch, die mich persönlich anfeinden, sind nicht wert, Gegner genannt zu werden. Sie geben in und mit ihren Anfeindungen stets sich selbst ein Zeugnis großer innerer Armut und liefern gleichzeitig durch ihre Art den Beweis, daß sie doch recht verachtenswerte Eigenschaften besitzen müssen; denn sonst würden sie solches nicht tun. Gegnerschaft ist etwas ganz anderes, viel Ehrlicheres und nie etwas Persönliches.

14. WELCHE SCHULUNG HATTE ABD-RU-SHIN?

FRAGE:

Aus welcher Gruppe ist Abd-ru-shin hervorgegangen und welche Schulung hat er genossen? Wodurch erwarb er sich das, was er in seinen Vorträgen ausspricht?

ANTWORT:

Diese Fragen schwirrten mir nach Vorträgen entgegen. Ich will sie hier mit gleicher Kürze nochmals beantworten:

Ich ging aus keiner Gruppe hervor, genoß auch keine Schulung, studierte nicht und habe mir die Kenntnisse nirgends erworben. Ich habe noch kein buddhistisches, kein theosophisches, auch kein anthroposophisches oder irgendein anderes Werk gelesen, sondern weise alle derartigen Bücher zurück, sobald sie mir geboten werden. Oder ich nehme sie, aber ich lese sie nicht.

Was ich in meinen Vorträgen sage, spreche ich in Überzeugung aus mir selbst. Und wenn Ähnlichkeiten in verschiedenen Religionen zu finden sind, so habe ich diese sicherlich nicht daraus geschöpft. Aber ich freue mich dann, wenn Gleiches und Ähnlichkeiten darin festgestellt werden.

Aus allen diesen Gründen fordere ich ja stets auf, daß

14. WELCHE SCHULUNG HATTE ABD-RU-SHIN?

man die Worte prüfen soll, doch nicht des Redners achten! Wer mir *dann* folgen will, der ist ein wirklich ernsthaft Suchender, der selbst zu denken weiß. Und andere Menschen, die sich an Personen statt an die Sache halten müssen, die also auch nicht sachlich bleiben können, haben für ein ernstes Vorwärtsstreben keinen Wert. Für mich als Mensch noch weniger.

15. KREUZESTOD DES GOTTESSOHNES

FRAGE:

Ich las kürzlich in einem Zeitungsartikel folgendes: »Die Durchbohrung des Leibes Christi und dessen Aufrichtung am Kreuze war das welthistorische Ereignis der Versöhnung der Gottheit mit der Menschheit, war das wichtigste Geschehnis aller Geschichte, auf welches vor Christus und nach Christus mehr oder weniger alles tiefere religiöse Denken sich bezieht.«

Kurz vorher hatte ich den mir sehr einleuchtenden Vortrag Abd-ru-shins über den Kreuzestod des Gottessohnes gelesen. Könnte nicht eine diesem Vortrage entsprechende Antwort in der gleichen Zeitung erfolgen? Es würden sicherlich viele Menschen starkes Interesse daran nehmen.

ANTWORT:

Wenn diese Anschauung die Tiefe religiösen Denkens bezeichnen soll, so steht es schlimm damit. An einer Tageszeitung werde ich mich nicht betätigen.

Ganz abgesehen davon, daß die Zeitung jedenfalls die Aufnahme eines gegenteiligen Artikels ablehnen würde, um die zu bitten ich mich nicht entschließen könnte, weil ich meine Vorträge selbst viel zu ernst nehme, so bliebe mir auch bei bestem Wollen keine Zeit dazu. Aber auch die

15. KREUZESTOD DES GOTTESSOHNES

Achtung vor der Sache selbst verbietet mir, mich damit an den öffentlichen Meinungsaustauschen in Tageszeitungen zu beteiligen.

Ein jeder wirklich ernsthaft suchende Mensch wird sich mit derartigen Aufsätzen und Ausführungen auch nicht begnügen und zuletzt doch den Weg zu meinen Vorträgen finden, um dann wie Sie die Unrichtigkeit vieler bisherigen Anschauungen mit Erschrecken zu erkennen. Da Sie den Vortrag schon gelesen haben, erübrigt sich für mich ein näheres Eingehen auf die Sache selbst.

Wer überdies nur einigermaßen unbeeinflußt zu denken vermag, muß in der in dem Artikel vertretenen Ansicht einen bedenklichen Haken finden, der ihn nicht zur Ruhe kommen läßt und ihn erst recht zu ernstem Suchen nach der Wahrheit drängt. Es dürfte doch wohl jedem in sich lebendigen Menschen sehr schwerfallen, anzunehmen, daß ausgerechnet ein Verbrechen und Mord an dem aus dem Göttlichen hervorgegangenen Boten die Versöhnung dieser Gottheit mit der Menschheit herbeiführen soll!

Gott ließ seinen Sohn aus aller Herrlichkeit heraus auf diese düstere Erde unter die Menschen gehen, welche von ihm abgewichen waren, um diesen den Weg hinauf in sein lichtes Reich zu zeigen, durch die Erklärungen in seinem Wort, die man auch Botschaft oder Lehre nennen kann.

Daß diese Menschheit, der die Botschaft Gottes galt, den Boten dann verwarf, in Haß verfolgte und zuletzt noch marterte und mordete, war eine Folge ihrer Sünde oder ihres Unrechtes, den irdischen Verstand an Stelle Gottes

15. KREUZESTOD DES GOTTESSOHNES

zu ihrem eigentlichen Herrscher erhoben zu haben. Statt diese neue Schuld als Frucht des großen Sündenfalles aber später einzusehen, erhob man diese Bluttat und Verwerfung des Gottesboten schließlich noch zu einem alles überstrahlenden Versöhnungsfeste der also verbrecherischen Menschheit mit der in diesem Mord durch sie beschimpften Gottheit. Doch ein ziemlich starkes Stück. Wie stellt sich wohl die sonderbare Menschheit ihre Gottheit vor, daß sie wähnt, derartig ungestraft mit ihr verfahren zu können?

16. OFFENBARUNG DES JOHANNES

FRAGE:

Es heißt doch vielfach: »Das Lamm Gottes, welches der Welt Sünden trägt!« Abd-ru-shins Vortrag: »Der Kreuzestod des Gottessohnes und das Abendmahl« aber erklärt in mir verständlichen Ausführungen, daß Christus nach den unabänderlichen Gesetzen des Schöpfers nicht die Sündenlast der Welt auf sich nehmen konnte. Wie erklärt Abd-ru-shin nun diesen Widerspruch?

ANTWORT:

In dem *Worte* selbst liegt kein Widerspruch. Dieser liegt lediglich in bisher falscher Deutung. »Siehe das Lamm Gottes, das der Welt Sünden trägt« heißt durchaus nicht, daß es die Sünden der Welt und die Schuld der Menschen auf sich genommen hat, also dieser und diesen abgenommen hat, wie es die bequeme Menschheit in ihrer bekannten grenzenlosen Anmaßung gern haben möchte, sondern: In den Wundmalen trägt Christus der Welt Sünde, ihr Verbrechen sichtbar, das an ihm als dem Gottesboten begangen wurde.

Das Lamm trägt die Wahrzeichen der Sünde der Welt als dauernde Anklage! Durchaus nicht als Versöhnungszeichen.

16. OFFENBARUNG DES JOHANNES

Es wird auch in den Gesichten des Johannes mehrfach ganz besonders anklagend wiederholt: »Das Lamm, das erwürget wurde!« Dieser Ausdruck, der vielfache Ausruf der Ältesten vor dem Throne Gottes bei dem *Gericht,* klingt durchaus nicht wie Versöhnungsjubel, sondern wie eine Klage und zeigt unverkennbar das damit geschehene Verbrechen an.

Die Menschheit nehme deshalb die sich mehrenden Stigmatisationen (Erscheinen der Wundmale bei medialen Personen) viel eher als ernste Warnungen auf, als ihnen entgegenzujubeln.

Das alles ist doch wohl etwas verständlicher und klarer als die sonderbare gegenteilige Auslegung, die das reine Göttliche ohne weiteres mit der Menschen Sünden belasten will. In dieser neuen Lesart ist es nun an sich anscheinend nur ein kleiner, äußerlicher Unterschied und doch damit das Gegenteilige wie bisher, aber unbedingt das Richtige, wenn die Vollkommenheit der göttlichen Gesetze von Anfang an nicht angezweifelt werden soll, wenn also die Vollkommenheit Gottes selbst anerkannt und damit in Betracht gezogen wird, die eine Abweichung in der Gerechtigkeit weder anderen gegenüber noch an sich selbst zulassen kann!

Auch wenn in der Offenbarung des Johannes, Kap. 7, Vers 14 und 15 geschrieben steht: »Diese sind's, die kommen sind aus großer Trübsal, und haben ihre Kleider gewaschen, und haben ihre Kleider helle gemacht im Blute des Lammes. Darum sind sie vor dem Stuhle Gottes und dienen ihm Tag und Nacht in seinem Tempel; und der auf

16. OFFENBARUNG DES JOHANNES

dem Stuhle sitzt, wird über ihnen wohnen«, so ist das alles nur eine unbedingte Bestätigung meiner Vorträge.

Denken Sie an meine zahlreichen Hinweise und Erklärungen über den feinstofflichen Körper im Jenseits, den man Kleid nennt, Gewand des Geistes oder Umhüllung. Die Menschen, welche Christi Wort aufnahmen und danach *lebten*, machten damit in ganz natürlicher Folge buchstäblich ihren feinstofflichen Körper, ihr Kleid, weniger dicht und dunkel, also reiner, leichter und heller, so daß sie dadurch emporschweben konnten bis zuletzt in das lichte Reich Gottes, auch Paradies genannt, über dem außerhalb der Urschöpfung das Göttliche wohnt oder ist. Es sind also *die* Menschengeister, welche nach dem Worte Christi lebten und damit den Weg gingen, den er ihnen wies.

Auch das in dem Blute Rein-gewaschen-Sein bedeutet nichts anderes; denn Christus wurde wie alle echten Boten des Herrn nicht etwa freudig von der Menschheit aufgenommen, sondern als Feind der Verstandesherrschaft von deren Anhängern gehöhnt, gestäupt, gemartert und zuletzt sogar getötet. Er mußte sein Blut lassen, weil die Botschaft, die er brachte, den damals geistig Führenwollenden nicht gefiel, da auch diese sich dem Verstande unterworfen hatten und deshalb eine Gottesbotschaft nicht »verstehen« konnten.

Wer nun sein Wort lebendig aufnahm, dessentwegen er als Gotteslästerer verurteilt wurde, wusch sich dadurch bildlich mit seinem Blute. Denn das Wort ermöglichte es ihm, den rechten Weg zu gehen, der allein ihn reinzu-

16. OFFENBARUNG DES JOHANNES

waschen fähig war und der durch den gewaltsamen Tod des Wortbringers mit seinem Blute gezeichnet ist. Das bedeutet aber keine Versöhnung Gottes mit der Menschheit und ändert nichts an dem Verbrechen der Kreuzigung. Auch spricht es nicht für eine Aufbürdung oder Übernahme der Schuld der Menschen.

Überlegen Sie selbst noch einmal ruhig, was darin steht, klar und deutlich: »... haben ihre Kleider gewaschen und helle gemacht!« Lesen Sie das einmal richtig! Es wird damit ausdrücklich gesagt: *Sie haben es selbst getan!* Nicht Christus hat ihnen die Kleider gewaschen. Er nahm also nicht ihre Schuld auf sich, sondern sie mußten ihre Sünden selbst abwaschen! Also das Gegenteil der Anschauung so vieler geistig leerer Gläubigen.

Auch die weiteren Ausführungen in der Offenbarung des Johannes sprechen in dem geschilderten Ergehen der Menschheit deutlich genug das Gegenteil aus, indem die Schalen des *Zornes* Gottes über die Erde und Menschheit ausgegossen werden, was sicherlich nicht als Zeichen und Ausdruck der Versöhnung durch das von den Menschen gewaltsam vergossene Blut Christi aufzufassen ist, sondern deutlich genug als Strafe!

Wer das überall klar Ausgesprochene und auch allem logischen Denken Naheliegende nicht richtig verstehen will, dem kann natürlich nicht geholfen werden. Solche sind zu bequem, sich aufzuraffen und müssen darin untergehen, da sie, ohne sich die Kleider selbst zu reinigen, nicht hinauf können zum Licht. Es gibt so viele Bibelforschende, und alle lesen sie noch heute falsch. Diese werden dauernd Bibelforscher bleiben, niemals aber Bibelkenner werden.

Meine bisherigen Vorträge gaben in allem schon genügend Bescheid. Wenn der Mensch diese lebendig in sich werden läßt, dann fällt damit auch die Binde von den Augen, und sie sehen endlich alles klar in dem ihnen bisher noch etwas fremden Lichte der Wahrheit, ohne meine Hilfe. Sie werden keine Lücken mehr finden bis hinauf in den höchsten lichten Teil der Schöpfung in all ihrem Geschehen vom Urbeginn bis heute und sogar auch erkennen, was daraus für die Zukunft folgen *muß*. Ohne jede Mystik und Geheimnistuerei und ohne mühsames, unzuverlässiges Errechnen.

17. BUDDHISMUS

FRAGE:

Ist es zuviel gefragt, wenn ich eine Erklärung Abd-ru-shins erbitte, wie er sich dem Höchstgedanken der Buddhisten gegenüberstellt, der seine größte Glückseligkeit in der Wiederauflösung des vollkommen gewordenen Menschengeistes findet?

ANTWORT:

Ihre Frage birgt die Antwort gleich in sich. Ja, ich stelle mich diesem Gedanken ganz entschieden *gegenüber, entgegen* in des Sinnes *schärfster* Bedeutung! Die höchste Glückseligkeit des vollkommen gewordenen Menschengeistes ist das *persönlich-bewußte Leben* in dem geistigen Teile der Schöpfung, den man Paradies nennt, sowie von dort aus persönlich-bewußtes Mitwirken in der andauernden Schöpfungsentwicklung nach dem göttlichen Willen. Würde die Wiederauflösung erfolgen müssen, wäre das ganze Menschensein, die Wanderung durch alle Schöpfungsteile, völlig zwecklos! Das aber läßt sich wiederum mit der Vollkommenheit des Schöpferwillens nicht vereinen.

Jedermann wird schließlich auch noch finden, daß Auflösung eines fertigen Menschengeistes niemals Fortschritt sein kann, sondern lediglich ein furchtbarer Rückschritt! Der Menschengeist wird sich auch in dem Paradiese noch in seinem Können dauernd fortentwickeln, doch niemals auflösen, da seine Wanderung und alle dazugehörenden Entwicklungsnotwendigkeiten das Sichbewußtwerden zu dem persönlichen »Ich« als Endziel haben.

Eine Auflösung trifft nur *den* Menschengeist, der sich auf seiner Laufbahn durch das Stoffliche infolge falscher Anschauung verirrt, somit den rechten Weg verliert und nicht zurück nach jener lichten Höhe findet, welcher er entstammt. Dann wird er ganz naturgemäß, wenn der von ihm bewohnte Weltenteil seiner Zersetzung entgegentreibt, mit seinen stofflichen Hüllen ebenfalls zersetzt und aufgelöst, wobei er auch sein persönlich gewordenes Ich wieder als solches verliert. Er hört damit als Persönlichkeit wieder auf zu sein. Diese Auflösung ist gleichbedeutend mit dem Für-ewig-Ausgelöschtwerden aus dem goldenen Buche des bewußten Lebens, weil er untauglich war und seinen Weg nach der Höhe nicht suchte.

Der Vorgang ist ein ganz natürliches, selbsttätiges Geschehen, was man die ewige Verdammnis nennt. Das Schrecklichste, was einem persönlich-bewußtgewordenen Menschengeiste geschehen kann.

Ein nach der Höhe zu sich entwickelnder Geist jedoch nimmt immer mehr das Ebenbild des Schöpfers an und geht in menschlicher Idealgestalt persönlich-sich-bewußt in das Reich des Geistigen ein, um dort sich dauernd steigernd mitzuwirken an der Schöpfung. Ein Nochhöher-

17. BUDDHISMUS

gehen ist für ihn unmöglich, auch durch eine Auflösung niemals herbeizuführen, welche ja nach oben zu gar nicht erfolgen kann; denn dann müßte sein Weg über die Grenze der Schöpfung hinausführen, und das kann er nicht. Darüber kommt dann das Göttliche. Der Menschengeist ist jedoch geistiger und nicht göttlicher Herkunft, das gibt unveränderbar die scharfe, natürliche und unüberschreitbare Grenze für ihn. Er muß im Geistigen verbleiben infolge seines Ursprunges, der in sich keine Änderung erfahren kann und keine Steigerung zum Göttlichen. Demnach ist der buddhistische Gedanke, den überdies auch viele Okkultisten hegen in der Meinung, Göttliches in sich zu bergen, unbedingt ein Irrtum. Der Mensch ist eine Kreatur, steht also *in* der Schöpfung und wird auch stets *in* dieser bleiben müssen. Jede andere Behauptung zeigt nur lächerliche Überhebung, an welcher alle Menschheit ja so leidet und damit das Phantastischste und Unnatürlichste für möglich hält.

Der buddhistische Gedanke einer höchsten Glückseligkeit durch Wiederauflösung des mühsam gewonnenen persönlichen Ichbewußten hat seinen Ursprung in dem Hange der Orientalen zu behaglicher Beschaulichkeit! Es hat sich dieser Hang als Wunsch mit eingeschlichen in die religiösen Anschauungen, die ja immer irgendeinen charakteristischen Stempel des Landes ihrer Entstehung tragen.

18. GOTTESKINDSCHAFT

FRAGE:

Abd-ru-shin sagt, daß nicht jeder Mensch ein Kind Gottes ist, aber es steht geschrieben, daß ein jeder Mensch als Erbe die Gotteskindschaft in sich trägt und demnach Anrecht an das Reich Gottes hat. Will das Abd-ru-shin bestreiten?

ANTWORT:

Jede unveränderte Niederschrift einer wirklichen Gottesbotschaft wird sich *immer* mit meinen Ausführungen decken. So auch diese. Es ist kein Widerspruch darin. Nur Ihre Anschauung ist etwas einseitig. Der Ausspruch bestätigt sogar die Wahrheit meiner Erklärungen sehr deutlich.

Das Erbe haben, heißt nichts anderes als die Befähigung durch den geistigen Ursprung in sich tragen. Sobald der Mensch aber dann das Anrecht dieses Erbes geltend machen will, also eingehen will in das geistige Reich, so bedingt dies wie überall auf Erden auch hier eine Beweisführung; denn jede Anrechtsgeltendmachung bedingt gleichzeitige Beweisführung.

Die Beweisführung kann aber lediglich dadurch erfolgen, daß diese mitgebrachten Fähigkeiten entwickelt worden sind; denn anders ist ein Beweis dafür nicht zu erbringen.

18. GOTTESKINDSCHAFT

Nur in der Betätigung dieser dazu gegebenen Fähigkeiten wird er ersichtlich. Geschieht dies aber, so ist der Menschengeist auch ein Kind Gottes geworden, das fähig ist, in sein Reich einzugehen. Das eine ergibt das andere ganz selbsttätig; denn fertige Entwicklung ist auch gleichzeitig die Kraft, welche ganz automatisch das Tor zu diesem Reich der Freude öffnet. Entwickelt aber ein Mensch die ihm in dieser Beziehung gegebenen Fähigkeiten, also sein Erbe, nicht, so kann er auch die Anwartschaft nicht geltend machen, kann nicht in das Reich Gottes eingehen und konnte so auch nicht zu einem Kinde Gottes werden, da er sein Pfund vergrub und nicht nutzbringend anlegte.

In den Worten liegt also keine Gegenüberstellung, kein Widerspruch, sondern nur ein Beweis der Richtigkeit meiner Worte.

19. FURCHTSAME GLÄUBIGE

FRAGE:

Was soll ich tun, wenn ich in der Gralsbotschaft das gefunden habe, was ich schon lange suchte, darüber beglückt bin und nun von meiner anders eingestellten Umgebung verspottet werde? Soll ich nachgebend alles tun, was man von mir verlangt, und mich nur noch verstohlen innerlich damit beschäftigen, um allen Streit zu meiden?

ANTWORT:

Der, welcher von der Wahrheit berührt wurde, hat die unbedingte Pflicht, auch dafür einzutreten, sonst ist er des Geschenkes der Erleuchtung nicht mehr wert. Er soll nicht zankend streiten, auch anderen nicht etwa seine Überzeugung aufzwingen, sondern alle Menschen ruhig deren Wege gehen lassen, doch er darf nicht dulden, daß man ihn von dem seinen abzubringen sucht. Was er anderen gegenüber gelten läßt, hat er mit vollem Rechte auch für sich zu fordern. Macht er sich jedoch selbst dem anderen zum Knechte, so verdient er nichts anderes, als daß ihm das Geschenk wieder genommen wird. Christus warnte schon davor, indem er sagte: »Wer mich verleugnet vor den Menschen, den will auch ich verleugnen, also nicht kennen.«

19. FURCHTSAME GLÄUBIGE

Wie schwach und armselig muß der, der die Wahrheit mit eigener Überzeugung gefunden zu haben vorgibt, dem anderen erscheinen, dem er sich trotzdem beugt. Kann ein solcher denn dabei Achtung vor der Wahrheit gewinnen? Im Gegenteil, die Spötter und Verächter werden dadurch noch gestärkt, man legt ihnen ja das Wertvolle unter die Füße, damit sie es treten und beschmutzen können. Man hält sie sogar selbst noch davon ab, Wahrheit als solche zu erkennen und zu schätzen.

Wie so ganz anders, wenn die Wahrheitsfinder *allem* ruhig gegenübertreten, bestimmt, unbeugsam und entschlossen. Auch scharf, wenn es nicht anders geht, um sich das höchste Kleinod zu erhalten und den anderen vor neuer Schuld zu bewahren. Nur darin kann ein Gegner eine Sache achten lernen! Niemals durch feige Nachgiebigkeit. So mancher opfert skrupellos sofort das Heiligste in sich, nur um damit ein anderes ärmliches Menschlein nicht zum Zorn zu reizen oder nicht zu kränken, vielleicht auch nur, um seine eigene, irdische Ruhe und Bequemlichkeit nicht vorübergehend stören zu lassen.

Das sind die Gläubigen *nicht*, die einst eingehen dürfen in das Reich *des* Gottes, den sie in solcher Art verleugnen. Sie müssen dann zu denen gehen, denen zu dienen sie auf Erden vorgezogen haben. Die Zeit ist nun vorüber, wo man solches Versteckenmüssen als Martyrium ansah. Es kann für nichts entschuldigen. Ein jeder hat für das zu kämpfen, was er in sich trägt, sonst ist er dessen nicht mehr wert! Es wird ihm fortgenommen. –

19. FURCHTSAME GLÄUBIGE

Es gibt nichts Höheres als Gott! Und neben ihm muß *alles* andere weit in den Schatten treten. Es soll kein Mensch zu einer Willensänderung gezwungen werden, doch jedermann hat nun in Zukunft alle in Ruhe und Frieden zu lassen, welche wirklich zu *Gottes Volk* gehören. Nicht einer darf noch ungestraft schmutzige Finger danach ausstrekken. Er wird dafür sofort gezeichnet und daran zugrunde gehen. Ein jeder Spott, noch mehr die Tat wird sich ganz unerwartet schnell und bitter an den Ausübenden rächen.

Das Volk des Herrn sammelt sich endlich unter seiner Fahne und bleibt geschützt. Doch nur ein jeder, der den Mut hat, sich zu diesem Volke zu bekennen! Kein anderer. Wir stehen schon in dem Beginn der Stunde!

20. DAS RÄTSEL VON KONNERSREUTH

FRAGE:

Kennt Abd-ru-shin die Stigmatisation von Konnersreuth? Will er sich seinen Hörern gegenüber nicht einmal äußern? Es wird so viel darüber gespottet.

ANTWORT:

Darüber sind so viele Anfragen an mich ergangen, daß ich mich schon damit befassen *muß*.

Diejenigen, die dabei spöttelnd oder oberflächlich einfach von Hysterie sprechen, sich damit wunder wie fortgeschritten dünken und wohl noch den netten Rat bereit haben, das Mädchen in ein kaltes Bad zu setzen oder in eine Arbeitsanstalt zu verbringen, vielleicht in ein Irrenhaus, stellen damit eine so grenzenlose Dummheit zur Schau, daß es tatsächlich schade um jede Sekunde wäre, die man damit verliert. Denen gilt meine Antwort nicht! Es wäre aber kein unfrommer Wunsch, derartigen Menschen zu gönnen, einmal nur acht Tage solchen Dingen unterworfen zu sein. Schließlich das beste Mittel, sie zum Nachdenken zu bringen, vor allen Dingen dazu, sie mit ihrem frivolen »Denken und Wissen« etwas zurückhaltender werden zu lassen, damit sie nicht immer gleich den Stein bereit haben, um ihn auf Menschen wie diese Therese Neumann höhnend zu schleudern!

20. DAS RÄTSEL VON KONNERSREUTH

Sie würden dann sehr schnell Mitleid heischen. Das ist immer so. –

Wohl gibt es leichte Fälle, die im Glaubensfanatismus unter Autosuggestion hier und da Wundmale hervorzubringen fähig sind. Aber *dieser* Fall gehört *nicht* unter solche Arten! *Der* Vorgang ist *nicht* Hysterie! Laßt solche leeren Schwätzer reden, beachtet sie gar nicht. Es ist schon heute schade um jedes Weizenkorn, das ihnen auf der Erde noch zur Nahrung zufällt; denn sie sind leere Spreu, die bei der letzten Abrechnung als *Nichts* betrachtet und zerstäubt werden, Schädlinge, die überall das große Wort führend im Wege stehen: im Trüben fischend, nachdem sie selbst das reinste Wasser zu beschmutzen suchten, Unfrieden und Zweifel mit Frohlocken säend. Sprechen wir nicht mehr von ihnen; denn ihre Zeit ist nicht mehr lang.

Betrachten wir uns also *sachlich* nun einmal das so vielgenannte *Rätsel von Konnersreuth!*

Das Leiden der so furchtbar stigmatisierten Therese Neumann, die zu Zeiten nicht nur alle Wundmale des gemarterten und gemordeten Gottessohnes an sich tragen muß, wie die Nägelmale, auch die Wunde durch den Speer, sowie die vielen Wunden um den Kopf, welche die Dornenkrone hinterließ, sondern die auch manchmal alle körperlichen Leiden Christi durchzuleben hatte, bis sie in Todeszuckungen ermattet in das blutdurchtränkte Bett zurücksank.

Tausende wallfahrten an den Ort. Aus allen Gegenden und allen Ländern strömen sie herbei. In dichten Scharen stehen sie oft um das kleine Haus, in dem das Mädchen

20. DAS RÄTSEL VON KONNERSREUTH

seinen Kampf zu kämpfen hat. Es hört dabei im Geiste Reden, die die Kreuzigung betreffen, in Mundarten der damaligen Sprache, Sprachforscher damit in Verwunderung versetzend.

Erschauernd nehmen wartende Menschen die Berichte auf; sie können manchmal flüchtig auch das schwer leidende Mädchen in seinem Blute liegen sehen, schütteln nachdenklich die Köpfe und bestaunen stumm das göttliche Geschenk, wie es so viele nennen.

Die Wissenschaft und auch die Kirchen sehen sich vor einem *Rätsel,* wie sie unumwunden zugeben, weil sie dazu durch unleugbare Tatsachen gezwungen sind, diesmal von *grobstofflicher* Art, denen sie sonst vertrauter gegenüberstehen können. Das bedingt auch die trotz alles Aufsehens große Zurückhaltung.

Es wird geschrieben, daß der rechten Lösung dieses anscheinenden Rätsels aller Dank, auch der der Kirche, sicher ist.

Das Wort ist sicherlich grundehrlich und sehr gut gemeint, mit bestem Wollen für das Rechte. Doch ohne Zweifel wurde damit etwas zugesagt, versprochen, was zu halten für die Menschen nicht gut möglich ist.

Ihr Unvermögen zu dem Danke müssen sie wiederum nur dem ärgsten Feinde alles Geistes danken, ihrem selbstgewählten, unbeschränkten Herrscher, dem erdgebundenen Verstande!

Unter Verstandesherrschaft muß aber auch das Richtige verstanden werden. Ich meine damit nicht irgendein

Staatsregime oder etwas Ähnliches, sondern lediglich die freiwillige Einstellung des Einzelmenschen *unter* seinen eigenen Verstand, was alles Ungesunde in den irdischen Verhältnissen hervorbrachte und leider auch noch eine Spanne weiter bringen wird.

Mit allen Einzelmenschen aber steht natürlich auch die Kirche unter der furchtbaren Wucht der Folgen dieser Erbsünde wider den Geist. Der Mensch trug sie mit sich von Anfang an hinein, ohne davon zu wissen, ohne es zu ahnen und zu wollen. Die Vergiftung alles Wollens drang ganz unbemerkt mit ein, und so ist triumphierend Mitherrscher dort ebenfalls der menschliche Verstand. Es wird nie anders sein können, bis diese Sünde gegen göttliche Bestimmung in der Menschheit gründlich ausgerottet ist.

Das bildet auch die Mauer gegen eine Lösung dieses Rätsels der Stigmatisierten. Die Kirche und die Wissenschaft werden es deshalb auch sehr schwer fertigbringen, die *wahre Lösung* wirklich zu begrüßen und dafür zu danken, weil eigentliches Wissen und die ungetrübte Wahrheit ein Begreifen *über* alle Grenzen des engen Verstandes unerbittlich fordern! Wie überhaupt ein jedes geistige Geschehen. Da Kirche und Wissenschaft dieses Geheimnis *nicht* richtig erklären können, ist der Beweis dafür gebracht, daß *beide Teile* trotz des besten Wollens *noch derart gebunden sind.* Denn eine Tatsache muß hierbei unzertrennbar auch die andere ergeben.

Daß sie behaupten, es noch tun zu können, und für das bisherige Unvermögen dazu alle erdenklichen Vorwände

20. DAS RÄTSEL VON KONNERSREUTH

angeben, *ist kein Beweis.* Zeit dazu war genug vorhanden! Daß sie verstreichen mußte *ohne* den Erfolg, liefert doch deutlich einen gegenteiligen Beweis. In solchen ernsten Leidensfällen muß man jede Stunde nützen, wenn man ernstlich will und ... kann! Da gibt es keine Zeit zu Auseinandersetzungen und Reden, sondern es ist Menschenpflicht zu handeln. Und wo das nicht geschieht, dort ist Nichtkönnen. Darüber gibt es wohl kaum noch zu streiten.

Das *Nichtbegreifenkönnen* einer wahren Lösung aber schließt naturgemäß von vornherein eine Verständigung schon aus.

Es bleibt deshalb nur ein Weg übrig, daß Tatsachen meine Erklärungen bestätigen!

Deshalb will ich hiermit den Weg der Wahrheit weisen, der zur Lösung und damit zur *Erlösung* führen wird. Vorausgesetzt, daß man den Weg dann auch beschreitet, ihn nicht etwa aus Furcht vor Überraschungen still ablehnt oder ihm entgegenarbeitet. *Die Folge des Beschreitens aber müßte den Beweis der Wahrheit dann erbringen!*

Da dieser Weg nach keiner Seite irgendeinen Schaden durch Befolgung bringen kann, ist das Verlangen dazu auch nicht unbillig zu nennen. Namentlich da dadurch auch gleichzeitig so mancher Streit geschlichtet werden kann.

Die Wissenschaft weiß schon durch das Geschehen selbst, daß sie bei dem Versuch einer körperlichen Heilung oder Linderung auch falsche Wege ging. Lindernde Salben riefen hier im Gegensatz zu der erwarteten Erleichterung nur schmerzhafte Entzündungen hervor, die nach Berich-

20. DAS RÄTSEL VON KONNERSREUTH

ten sofort wieder nachließen, wenn der Verband abgenommen wurde. Das heißt, die Wunden wurden wieder rein, sobald die medizinischen Versuche unterblieben. Und das ist so *gewollt,* wie schon vorausgesagt!

Ich möchte ausdrücklich bemerken, daß in den Erläuterungen, die zur Klärung nötig sind, nicht Anfeindungen liegen sollen! Ich achte jedes ehrliche Bemühen, und das ist hierin von der Wissenschaft aus wie auch von der Kirche stets erfolgt, mit bestem Wollen für ein Helfen. Bis heute ist darin kein Vorwurf zu erheben, es sei denn, daß man nun den neugezeigten Weg nicht gehen will und sich vor einem Beweis scheut.

Die ganze Menschheit geht in diesem Falle wieder einmal den irrigen Weg, indem sie alles von der falschen Seite aus betrachtet.

Natürlich muß der Hörer und der Leser *denken!* Er muß bemüht sein, in den *Vorgängen* wirklich zu *lesen,* ruhig zu *beobachten.*

Seht doch nur das Gebaren aller Menschen hierbei einmal an! Man sucht nach allem Möglichen, sogar nach dem Unmöglichen, setzt aber ganz auffallend *eins* außer Betracht, läßt es vollkommen abseits liegen als ein Märchen, das man ernsthaft nie mehr in den Bereich des wirklichen Geschehens zieht! *Dies Eine* sind die ehernen Gesetze Gottes, ist sein Schöpferwille, den man trotz seiner Unverrückbarkeit nicht mehr beachtet, bei den Erwägungen gar nicht zugrunde legt!

Die Tatsache spricht *so* erschreckend deutlich für den in-

20. DAS RÄTSEL VON KONNERSREUTH

neren Zustand der Menschen, die Kirchen eingeschlossen, daß das allein genügen müßte, um meine Ausführungen über den schon oft erklärten Sündenfall und dessen Folgen klarzumachen. Eindringlicher kann es tiefer Denkenden kaum zur Erkenntnis kommen.

Wie hier, so ist es aber auch in *jedem* Falle, jedem Denken, jedem Prüfen, jedem Handeln! Der Blick bleibt grübelnd nur im Irdischen, in den untersten Niederungen haften, er *kann* sich nicht mehr frei erheben nach der Höhe zu, er will es nicht! Das, was bei einem unbeengten Menschen selbstverständliches Beginnen wäre, in allem erst den großen Schöpferwillen zu beachten, seine Schlüsse *nur nach ihm* zu formen, worin allein die rechte Lösung liegen kann, verwirft der Mensch von heute, selbst auch kirchliche Vertreter, in das Reich der Phantasie! Darin liegt der Beweis, daß sie gar nicht daran denken, ihre Folgerungen darauf aufzubauen. Sie unterwerfen sich im Gegenteil ganz öffentlich der Wissenschaft, also dem irdischen Verstande, einem Erdgebundensein, und machen sich damit noch zu Vasallen jenes Antichristen, gegen den sie warnen sollen, den sie aber niemals kannten!

Reinheit göttlicher Wahrheit vor die Front! Wer sich verbirgt, ist ihrer nicht mehr wert. Es gilt jetzt mehr als nur einige Menschenseelen! Wie grell beleuchtet dieser Streit um das Ereignis Konnersreuth den tiefen Niedergang im Inneren der Menschen! Wie klar zeigt er das eigentliche *Abgewendetsein* von Gott und dessen Willen! Weil man ihn nicht beachtet!

20. DAS RÄTSEL VON KONNERSREUTH

Auch bei denen, die sich gläubig dünken. Die irrenden Menschen sehen nicht diese Entsetzlichkeit des Abgrundes, der sich in ihnen schon seit langem aufgerissen hat. Sie taumeln ruhig weiter an dem Rande hin, durch ihre falschen Anschauungen vorläufig noch gehalten. Wohl allen, die an diesem Falle *lernen,* die ihn nicht überlegen spottend in das Gebiet der Hysterie verwerfen, zu eigener Beruhigung oder um ihr Unverständnis damit zu verdecken. Viele tun es sogar mit wirklicher Überzeugung, weil sie schon nicht mehr fähig sind, ihr Unverständnis zu empfinden, und dünken sich tatsächlich wissend, wie ein Gehirnkranker noch alle die belächelt, die seinem Wahn nicht folgen. –

Therese Neumann wird in ihrem Leiden oft eine Heilige, Begnadete genannt, bei der man betet, deren Fürbitte wohl so mancher still ersehnt.

Und niemand ahnt, daß diese so »Begnadete« die Fürbitte am meisten nötig hat. Niemand bedenkt, daß diese Ärmste gerade durch die Mitmenschen von einer winkenden Erlösung ferngehalten wird! Die Schuld dafür fällt unbedingt auf diese Menschen mit zurück, die ihrer frommen Andacht eine falsche Richtung geben. Denn dadurch fühlt sich die Stigmatisierte innerlich gehoben als eine von Gott *Ausgezeichnete.* Sie bleibt durch die Anschauungen der Umwelt weit davon entfernt, ernster und tiefer nachzudenken, ihre Gedanken und Empfindungen auch einmal eine andere Richtung nehmen zu lassen, wobei sie finden wird, daß sie nicht als die *Ausgezeichnete* zu gelten hat, sondern im Gegenteil eine *Gezeichnete* sein soll!

20. DAS RÄTSEL VON KONNERSREUTH

Die notwendige Demut, die sie zur Erlösung führen könnte, wird in ihr gewaltsam nach der falschen Richtung hin gedrängt.

Therese Neumann wird damit ein Opfer falscher Einstellung der gutmeinenden Mitmenschen, wenn ihr nicht rechtzeitig noch die Erkenntnis dafür kommt. Sie geht an der Gelegenheit zu der Erlösung von dem schweren Karma trotz dessen derzeitiger wiederholter Rückwirkung vorüber, weil sie nicht zur Erkenntnis kommen kann, wenn es so weitergeht, wie es bisher geschah.

Verblendet stehen diese geistig Blinden und auch geistig Tauben vor dem Hause, das sie nur als geweihte Stätte sehen, während sie in Wirklichkeit dort eine der erschütterndsten Warnungen der Auswirkung des strengen Gotteswillens in seiner Unverrückbarkeit so deutlich miterleben dürfen!

In der Stigmatisierten von Konnersreuth ringt eine Menschenseele um Erlösung, die sich in ihrer jetzigen Erdenhülle des eigentlichen Geschehens noch gar nicht klar bewußt geworden ist. – –

Die Seele hat den Gottessohn am Kreuze einst gelästert! Es ist bei ihr nicht nur das erste Mal, daß sie seitdem hier auf der Erde weilt und *so gezeichnet* wurde.

Nur wenn ihr das endlich zum Bewußtsein kommt und sie in Demut um Vergebung fleht, kann ihr Erlösung werden. Sie wird es dann auch *geistig schauen* und dabei *den* erkennen, dessen Fürbitte sie lösen kann von ihrer einst so schweren Schuld! Das ihr bekannte und vertraute »Licht« wird ihr dabei behilflich sein. Doch nichts ohne das *eigene* Erkennen.

Das ist der einzige Weg zu ihrer Erlösung! Wer ihn ihr zeigt und ebnen will, der ist der wahrste Freund und Helfer; wer ihn jedoch verweigert oder vorenthält, sie daran hindert, ist ihr ärgster Feind.

Therese Neumann wird *selbst* alles schauen, was sie zu der Erlösung braucht, sobald sie ihren wahren Weg in sich beschritten hat, und kann darauf auch körperlich gesunden, ohne Menschenhilfe. – – –

Die Worte, die sie schon gehört hat von dem »Lichte«, das sie dabei sieht, können sich damit erfüllen, weil *dann erst* durch ihr Leiden wirklich vielen Seelen mitgeholfen wird. So manche werden daran noch rechtzeitig zur Erkenntnis des strengen Geschehens in dem Gotteswillen kommen, sich besinnen, daß es *anders* ist, als sie in so bequemer Ruhe bisher dachten, dadurch Einkehr in sich halten und damit zum Aufstiege gelangen. Nicht anders war das »Wort« des »Lichtes« ihrer wohlmeinenden Führung einst für sie gemeint.

Auch in den Worten »*Du darfst* noch *leiden*« lag verheißungsvoll ein großer Segen; denn das bedeutet für die Leidende die neue Möglichkeit, abbüßend in dem Leiden vielleicht doch noch zur Erkenntnis und damit auch zur Erlösung kommen zu können.

»Der Heiland freut sich dessen«, ist ebenfalls ganz richtig, weil er sich über jeden Sünder freut, der noch gerettet werden kann vor ewiger Verdammnis.

20. DAS RÄTSEL VON KONNERSREUTH

Warum in aller Welt erfaßt man diese Worte wieder falsch, zu eigener Verherrlichung?

Frivole Verstandessklaven werden hierbei vielleicht in gewohnter leerer Weise spötteln wollen, ohne je den kleinsten Gegenbeweis oder eine logische Erklärung zu erbringen. Namentlich wenn man von Wiederinkarnierung spricht, von der doch Deutschlands größte Geister, wie unter anderem zum Beispiel Goethe, stets mit Überzeugung sprachen. Doch ich will den *Beweis* herbeiführen, durch die nicht ausbleibende und sichtbare Folge, sobald der hiermit gezeigte Weg auch richtig beschritten wird.

Doch Spötter mögen besser schweigen, um des eigenen Karmas willen; denn sie ahnen nicht, was sie sich damit immer wieder neu aufbürden, und mögen den Beweis abwarten, der in dem Ausgang liegt, wenn … man den Weg wirklich richtig beschreiten sollte. Ich selbst brauche dabei nichts zu tun. *Es kann ein jeder ernsthaft Gutmeinende tun, das Denken dieser Leidenden und Gläubigen durch ein Gespräch auf diesen Weg zu lenken.*

Wenn diese Vorgänge in Konnersreuth von selbst zeitweise wieder *aussetzen*, so liegt darin noch keine Lösung, keine Heilung, *noch weniger Erlösung*; denn es ist sehr wahrscheinlich, daß nach kurzer Kräftigung ein *neues* Rätsel folgt, noch stärker als zuvor, auch wenn es erst nach Monaten oder nach Jahren ist! Und das bringt neues Kopfzerbrechen. Wird das Ergehen der Therese Neumann aber dann der Allgemeinheit unter irgendwelchen Vorwänden entzogen, so begeht man damit wiederum

20. DAS RÄTSEL VON KONNERSREUTH

ganz gutmeinend einen verhängnisvollen Irrtum, ladet sich Verantwortungen auf mit nicht geringen Folgen. –

Ich wies in meinen Vorträgen schon mehrfach darauf hin, daß jetzt die Zeit gekommen ist, in der sich der Ring des damaligen Geschehens schließt. Erwähnte dabei auch, daß alle Seelen wieder auf der Erde sind, welche die Gottesbotschaft nicht annahmen, zur letzten Abrechnung, in der Zeit, da die Wechselwirkung dieses furchtbaren Verbrechens in *voller* Stärke rückwirkend einzusetzen hat.

Wer immer auch den Gottessohn in seiner heiligen Mission des Wahrheitsbringers damals lästerte, persönlich anfeindete und verspottete, aus freien Stücken, also freiem Wollen, ohne Zwang durch Vorgesetzte oder die Regierung, wird in der Wechselwirkung auch getroffen, je nach der Schwere seiner Schuld. Und manche müssen dabei seine Leidensmale tragen als damit Gezeichnete, bis die Erlösung davon kommen kann oder bei *Nichteinsehen* ewige Verdammnis, also Vernichtung des durch die Entwicklung gewonnenen *Geistig-Persönlichen.*

Alle Stigmatisierten waren nur Gezeichnete, die eine persönliche Schuld dem Gottessohne gegenüber trugen! Mit Ausnahme der kleinen Fälle, die manchmal durch Selbstsuggestion in religiöser Schwärmerei kommen können. Daran konnten auch kirchliche Dienste nichts verändern, auch wenn die so Betroffenen dabei in tiefstem Gottesglauben lebten. Es lag aber darin stets eine Möglichkeit zu der endgiltigen Erlösung, wenn sie in Demut um Vergebung baten und sich nicht etwa als Heilige empfanden.

20. DAS RÄTSEL VON KONNERSREUTH

Das schwere Karma fordert Auslösung! Es konnte ihnen werden durch Stigmatisationen, wenn sie gleichzeitig darin eine Auslösung *erkannten!* –

Die Menschheit wird wohl oder übel bald an die ehernen Gesetze aller Auswirkungen des göttlichen Willens glauben lernen müssen, auch wenn sie es bisher in verstecktem Wunsche anders dachte und erklärte. *Die Liebe Gottes liegt allein in den Gesetzen, welche unabänderlich vom Anbeginn der Welt bis heute wirken und bis an das Ende aller Tage!* Auch Christus wies ganz deutlich immer wieder darauf hin, daß er durch seine Botschaft die Gesetze Gottes nicht umstoßen, nicht verändern wollte, sondern nur erfüllen! Also unverrückbar beibehalten!

Es wird den Menschen noch so manches ernst warnende Zeichen vor die Augen kommen, so manches bisher falsch Verstandene werden sie in dem unverfälschten Lichte der ewigen Wahrheit hören und erleben müssen.

Doch trotz allem hören ihre Seelen nicht. Sie haben Augen und verschließen sie ängstlich und voll stillem Trotz vor dem, was sie nicht sehen wollen. *Dieses Verstecken nimmt ihnen jedoch keine Verantwortung ab!*

21. DER SCHÄCHER AM KREUZE

FRAGE:

Ist es nicht ein Willkürakt, wenn Christus am Kreuze zu einem Schächer sprach: »*Heute noch wirst du mit mir im Paradiese sein!*« *Der Schächer war doch ein Verbrecher und mußte sein Karma erst ablösen, bevor er in das Paradies eingehen konnte.*

ANTWORT:

In diesem Vorgange liegt weder ein Willkürakt noch ein Widerspruch. Der von Ihnen genannte Schächer am Kreuze sagte in seinen Worten ganz deutlich, daß er sich schuldig fühle und die Strafe verdiene, während Christus unschuldig leiden müsse. In ihm war also die *volle Erkenntnis seiner Schuld* und einer verdienten Strafe erwacht. Diese Erkenntnis, verbunden mit der vertrauenden Bitte, daß Christus an ihn denken solle, wenn er in seinem lichten Reiche ist, machte das gleichzeitige Erleiden der schwersten irdischen Strafe wechselwirkend zur sofortigen Ablösung *sämtlicher* Schuld. Das ganze Karma, das ihn noch bedrohte, konnte sich darin sofort mit auslösen. Selbstverständlich mußte dann der so von Schuld Befreite und dadurch mit nichts mehr Belastete *sofort* in das Geistige eingehen, also tatsächlich das Paradies gleich nach sei-

21. DER SCHÄCHER AM KREUZE

nem irdischen Tode betreten. Gerade die gesetzmäßige Auswirkung mußte sein sofortiges Hochgehobenwerden zu dem Geistigen bei Zurückfallen des Erdenkörpers herbeiführen. Die Zusage Christi stand also vollkommen in dem Rahmen der Erfüllung göttlicher Gesetze, also des Gotteswillens.

Anders mit dem zweiten Schächer, der Christus in dessen Leiden verhöhnte und mit Schmähworten überhäufte. Hier begann in der Erfüllung der Gesetze sofort der Lauf eines neuen Karmas, das sich in schwersten Rückwirkungen in der feinstofflichen Welt, wie auch später *sichtbar* in den weiteren Erdenleben zeigen mußte und noch zeigen wird, bis auch er zu der Erkenntnis seiner Schuld und zu ehrlicher Bitte um Vergebung kommt.

22. WECHSELNDES GESCHLECHT BEI WIEDERINKARNIERUNGEN

FRAGE:

Ist es möglich, daß eine Menschenseele bei Wiederinkarnierung einmal als Mann, das andere Mal als Frau leben kann?

ANTWORT:

Die Inkarnierung einer Seele, das Geschlecht betreffend, richtet sich nach deren Eigenschaften. Veränderten sich bei einer Seele die Eigenschaften derart, daß Männliches sich wandelt und nach und nach mehr der weiblichen Art zuneigt oder umgekehrt, so geschieht es auch, daß diese Seele einmal als Mann, das andere Mal als Frau inkarniert wird. Das betrifft aber nur den irdischen Körper. Der Menschengeist bleibt immer das, wozu er sich zu Beginn seiner Wanderung durch die Schöpfung entschloß.

23. KOMMEN ALLE FRAGEN ZUR BEANTWORTUNG?

FRAGE:

Kommen alle Fragen zur Beantwortung, die eingeschickt werden?

ANTWORT:

Nein. An den Fragestellungen vieler Leser ist oft zu erkennen, daß sie weitab von dem Erfassen des tiefen Ernstes der Gralsbotschaft stehen; denn es sind in den meisten Fällen Fragen über Dinge, deren Wissen nicht den geringsten Beitrag zu dem geistigen Aufstiege des persönlichen Ichs eines Menschen geben, sondern lediglich zur Befriedigung des Verstandeswissensdranges dienen kann.

Zu solchen bisherigen Gepflogenheiten aber haben die Menschengeister, die sich wirklich retten wollen, *keine Zeit mehr übrig!* Die Gralsbotschaft gibt deshalb nur das, was der Menschengeist braucht, um sich seinen notwendigen Aufstieg zu erleichtern, ihn überhaupt möglich zu machen.

Wer nur einigermaßen die Dringlichkeit dazu empfindet, der wird statt aller Fragen mit Aufbietung seiner ganzen Empfindungskraft versuchen, das in der Botschaft *Gegebene* zu ergründen und aufzunehmen. Das aber, was

23. KOMMEN ALLE FRAGEN ZUR BEANTWORTUNG?

er noch nicht verstehen kann, wird er nicht ablehnen oder daran vorübergehen, sondern in sich selber schauen, ob nicht dort in irgendeinem Winkel die Ursache zum Nichtverstehenkönnen liegt. –

Jede Frage ist eine Forderung! Betrifft sie Notwendigkeiten zum geistigen Aufstiege, so ist sie berechtigt. Will sie aber lediglich Erleichterung der Verstandesbefriedigung, so ist es dem Ernst der Botschaft gegenüber eine Anmaßung, da derartige Dinge weit Geringeres und Niederes betreffen, als Zweck und Inhalt der Botschaft ist.

Wer sich aber mit genügendem Ernste damit beschäftigt, alle Voreingenommenheit dabei zurückstellt, der wird in dem Gegebenen auch die Beantwortung einer *jeden Verstandesfrage* finden müssen. *Kann* er es *nicht,* so ist entweder sein Verstand dazu nicht ausreichend, oder er hat nicht genug geschürft.

Die Botschaft muß natürlich vom ersten bis zum letzten Vortrag *als ein Ganzes* genommen werden, anders ist es nicht möglich, sie zu erfassen, und dazu gehört ausdauernde Bemühung und geistiger Fleiß! Es ist bis jetzt nur das Notwendigste gegeben, da die Zeit unaufhaltsam dazu drängt, das Dringendste zu wissen. Sie läßt nicht Raum für unnötigen Aufenthalt. Aus diesem Grunde müssen manche Fragen unbeachtet bleiben. Sie werden nach der ersten großen Reinigung mit vielen anderen eingehenden Erläuterungen noch beantwortet.

Die Vorträge der Botschaft betteln nicht um Gunst der Menschen, sie werben nicht, gekauft zu werden des Gewin-

23. KOMMEN ALLE FRAGEN ZUR BEANTWORTUNG?

nes halber, wie es bei Büchern immer selbstverständlich ist, sondern sie sind *gegeben!* Das heißt, sie stehen unter allem ruhend ganz für sich, teilnahmslos für die Umgebung, aber *lebend* und nicht wegzuschieben von den Massen, denen sie nichts sagen können, weil diese noch nicht wollen; auch nicht zu vernichten von dem Hasse derer, denen sie als unbequem erscheinen.

Alles und ein jeder wird mit dem darin Gesagten einmal rechnen müssen. Er kann nicht still vorüber, ohne sein »Ich« prüfend daran zu messen. Die Worte stehen nicht zur Diskussion und fragen nicht nach Meinungen, sondern sie sind gegeben, werden bestehen bleiben, fester als Fels, härter als Stahl, unabänderlich und unerbittlich. – –

24. WAR CHRISTUS VEGETARIER?

FRAGE:

Es wird jetzt von vielen Seiten behauptet, daß Christus ein ausgesprochener Vegetarier war. Was sagt Abd-ru-shin darüber?

ANTWORT:

Ich brauche nichts darüber zu sagen, sondern nur darauf hinzuweisen, daß Christus das Essen des Osterlammes einhielt. Außerdem weise ich auf die bekannte Speisung der Fünftausend hin, wobei er selbst den Leuten *Fische* reichen ließ, demnach durchaus nicht *nur* für Verzehrung von Vegetabilien gewesen ist. Man sollte doch Christus nicht für Reklamezwecke irgendeiner Bestrebung verwenden.

25. EIGENTLICHE SCHÖPFUNG UND STOFFLICHE WELT

FRAGE:

Nach Studium der Gralsbotschaft komme ich bei meinen Betrachtungen darauf, als eigentliche Schöpfung die stoffliche Welt anzusehen. Ist dagegen etwas einzuwenden?

ANTWORT:

Alles! Denn eine derartige Anschauung ist falsch und nicht der Gralsbotschaft entnommen. Ich dringe sowieso in den weiteren Vorträgen nach und nach immer tiefer in die bisherigen Geheimnisse der Schöpfung ein und werde diese dabei auch immer vielfältiger zergliedern müssen, auseinanderziehen, wobei natürlich auch immer mehr und mehr Abstufungen kommen, die man bei der ersten großen Übersicht nicht geben kann.

So will ich vorgreifend auf diese Frage wenigstens erwähnen, daß die eigentliche Schöpfung *nur das geistige Reich* ist, also das Paradies. Alles andere sind *Folgerungen,* immer schwächer werdende Nachahmungen. So ist z. B. das direkte Werk des göttlichen Willens, also des Heiligen Geistes, *nur* das urgeistige Reich, das jedoch alles in sich trägt, um selbsttätig mit der im Urgeistigen ruhenden Kraft weiterzuwirken, durch die Urgeschaffenen, also *direkt* Geschaffenen, welche dadurch zu Mittlern für Erstehung der weiteren Schöpfung werden. Alles außerhalb des urgeistigen Reiches ist also nicht *direkt* vom göttlichen Willen geschaffen, sondern nur noch indirekt, das heißt, mit seiner in das Urgeistige gelegten Kraft durch Vermittlung der Urgeschaffenen.

Die Menschen, die mir oft schon sagten: »Ich will ja gut sein. Wenn ich es nicht bin, so ist es nicht mein Fehler. Warum hat mich Gott nicht so geschaffen, daß ich nur gut sein kann«, werden darin sehen, wie unrecht dieser ihr Gedanke ist.

26. MYSTIK, OKKULTISMUS UND SPIRITISMUS

FRAGE:

Ist Mystik nützlicher zu geistigem Aufstieg als z.B. Okkultismus und Spiritismus? Was nützen dazu die zahlreichen Sekten?

ANTWORT:

Wenn Sie vor einer solchen Frage stehen, so müssen Sie in erster Linie die geistigen Folgen des verschiedenen Wirkens durchzuempfinden suchen und *lediglich danach* Ihre Meinung formen. Sie werden finden, daß der »Mystiker« durchaus nicht höher steht, sondern genauso schadet wie der Spiritist und Okkultist und letzten Endes auch die Sekten. –

Vor vielen Jahrzehnten wurden die unglücklichen Insassen der Freudenhäuser hauptsächlich aus den Kreisen der Verkäuferinnen sowie der Hausangestellten geliefert. Die traurige Ursache dazu wurde vielfach ein innerer Drang, freieres und schillernderes Leben kennenzulernen, oder aber auch das Vertrauen in der Liebe zu einem Manne, der solches Vertrauen in spielerischer Art oder Leichtsinn gar nicht zu würdigen fähig war. Nur selten lag wirklicher persönlicher Hang zu niederem und leichtsinnigem Lebenswandel vor. Das Abwärtsgleiten solcher Mäd-

26. MYSTIK, OKKULTISMUS UND SPIRITISMUS

chen, die zuletzt nicht mehr die Kraft aufbieten können, aus dem Sumpfe herauszukommen, ist bekannt.

Ganz ähnlich diesen damaligen Vorgängen hat es sich heute auch auf geistigem Gebiete weit verbreitet. Der Drang, in sogenanntes jenseitiges Leben einzudringen, das sich so mancher Mensch ganz anders vorstellt als es ist, führt heute große Massen sogenannter Suchender, nach etwas anderem verlangend, *dem Sumpf des Dunkels zu.*

Wie innerlich nach Besserem oder auch nur Neuem, bisher ihnen Unbekanntem verlangende Mädchen das Unwahre an den sie umwerbenden Männern nicht erkennen wollen, da es so ziemlich gleichbedeutend mit dem Aufgeben so mancher Wünsche wäre, genausowenig sehen die oft krampfhaft geistig Suchenden, daß sie statt echten Goldes ... Flittergold und Tand umhängen, das ihnen ein Emporgestiegensein vortäuscht. In einen Wahn gehüllt, gehen sie selbstbefriedigt durch ihr Erdensein und bleiben dann im Jenseits arme Narren dieses Wahnes, den sie selbstverständlich mit hinübernehmen müssen und der sie dort beherrscht.

Sie bleiben alle hängen in der Stofflichkeit und finden nicht die Kraft, aus dieser Zähigkeit des Wahnes sich herauszureißen, weil sie nicht wagen, ihr Empfinden anders einzustellen, in der Furcht, es könnte ihnen damit Liebgewordenes verlorengehen.

Sie sind unrettbar dem Zerfalle preisgegeben, finden mit der kommenden Zersetzung aller Stofflichkeit auch die Zersetzung ihres mühsam erst gewonnenen *persönli-*

26. MYSTIK, OKKULTISMUS UND SPIRITISMUS

chen Bewußtseins und werden als *bewußtseiend nicht verwendbar* in das Formlose zurückversetzt.

Das ist jedoch *kein* Fortschritt, wie es Buddhisten annehmen, sondern ein Auslöschen der bis dahin erfolgten Entwicklung, da diese nach der falschen Richtung hin geschah.

Was nun in dem Erleben verlangender Mädchen und Frauen die leichtfertigen Jünglinge und Männer sind, die einen so traurigen Wendepunkt herbeiführen, das vertreten auf dem geistigen Gebiete heute die zahlreichen Vereinigungen und Sekten der Religion, der Okkultisten, Spiritisten und was sich sonst noch mehr Derartiges gebildet hat. Es sind die schlimmsten Seelenfänger für das Dunkel!

Dabei haben die sich Führer Dünkenden sehr oft sogar das Wollen zu dem Guten! Und dieses Wollen würde mit der Zeit auch unbedingt nur Gutes bringen können, wenn nicht ein großes Hemmnis dabei wäre, das in allen Fällen sich viel stärker zeigt und überall das beste Wollen abbiegt von der rechten Bahn. Es ist die Abwehr alles dessen, was nicht im eigenen Sinn einzelner Führer liegt. Die Abwehr kommt aus instinktiver Furcht, daß sie doch manches ändern müßten an ihrer bisherigen Richtung, wodurch die Anhänger vielleicht erkennen könnten, wie sie vielfach ganz falsche Wege gehen. In *der* Erkenntnis könnte dann etwas verlorengehen von der Ehrfurcht, die sie ihren »Meistern« so bedingungslos entgegenbringen.

So töricht der Gedanke ist, läßt er doch viele Führer darin straucheln, läßt sie beharrlich ihren Weg verfolgen,

26. MYSTIK, OKKULTISMUS UND SPIRITISMUS

trotz manchmal dämmernder Empfindung, daß sie damit unrecht tun.

Doch nicht den Führern allein ist darin ein Vorwurf zu machen, denn noch mehr Schaden richten die *Anhänger selbst* an, für sich und ihre Mitanhänger der gleichen Richtung. Wenn der Gründer irgendeiner Bewegung vielleicht wirklich ein richtiges Ziel hatte, seine Anhänger der Wahrheit entgegenführen wollte, so ist mit Sicherheit anzunehmen, daß seine Anhänger innerlich immer sehr weit zurückbleiben hinter der Lehre selbst. Ging der Gründer dann hinüber, so zeigte sich der Mangel richtigen Erlebens einer guten Lehre oft sehr bald. Die Anhänger bildeten sich ein, das Ganze und das Höchste in der Lehre schon zu haben, und verfielen darin dem geistigen Hochmut, der die Tür schloß zu weiterer Aufstiegsmöglichkeit. Sie gehen jubilierend an der letzten Wahrheit ahnungslos vorüber, auf die ihr eigener Gründer sie nur vorbereiten wollte. Aus diesem Grunde wird so mancher rechte Weg durch Anhänger ganz unvermeidbar in das Grab gedrängt, statt zu lichter Höhe zu führen.

Wie viele Suchende und Wissendseinwollende gingen damals an dem einzigen wirklichen Meister, dem Gottessohne, ahnungslos vorüber. Vor allen Dingen die, die sich befähigt wähnten, sein Kommen zu erkennen. Gerade diese wurden sogar seine schärfsten Gegner. Warum lernt man nicht daran?

Heute sehen wir die Christen in vielen falschen Auffassungen der Lehre ihres Meisters leben. Stolz, anmaßend und

26. MYSTIK, OKKULTISMUS UND SPIRITISMUS

doch verständnislos der tiefen Wahrheit gegenüber, die in der Christusbotschaft liegt.

Das läßt allein die vielen Sekten und Vereinigungen aufblühen, weil der Menschengeist ein ungestümes Drängen *dazu* in sich emporwachsen fühlt, *mehr* notwendig zu haben, als die Kirchen ihm in ihren gleichbleibenden, oberflächlichen Auslegungen geben.

Die Menschen hoffen, in diesen Sekten und Vereinigungen größere Klarheit zu erhalten, und sind oft schon davon befriedigt, wenn es *anders* klingt als in den Kirchen. Der Drang läßt sie schon darin einen Fortschritt erblicken, auch wenn es in Wirklichkeit viel weniger ist, als sie in den Kirchen bereits empfingen.

Der Teilnehmer einer spiritistischen Sitzung z. B. verwechselt das interessante *Neuartige* nur zu leicht mit dem *Wertvollen*. Er denkt nicht daran, daß Interessantes nicht auch gleichzeitig Wertvolles sein muß. Nicht einer überlegt in objektiver Ruhe, *was* ihm dies alles eigentlich zu seinem eigenen geistigen *Aufstiege* nützen soll, bei dem doch lediglich nur seine innere Qualität den letzten Ausschlag gibt! Er ist stolz darauf, auf Du und Du mit den Hinübergegangenen zu stehen! Dabei ist es in Wirklichkeit durchaus nichts anderes als hier auf Erden seinen Mitmenschen gegenüber. Den Körper, den die Hinübergegangenen tragen, hat er auch und jeder Mensch auf Erden in sich. Darüber ist nur noch die grobstoffliche Hülle. Und das, was er von Jenseitigen sich unter großen Mühen sagen läßt, ist nicht der tausendste Teil von dem, was Christus brachte.

26. MYSTIK, OKKULTISMUS UND SPIRITISMUS

Trotzdem legt er mehr Wert auf alle diese kleinen Kundgebungen, deren Inhalt ihm doch schon lange vollkommen vertraut ist. Welche Unselbständigkeit seines eigenen Denkens und Empfindens zeigt er damit in seinem ganzen Wesen.

Er benutzt das, was er in den Sitzungen erlebt, auch nicht etwa dazu, nun so schnell wie irgend möglich mit allem Ernste in die Christusbotschaft einzudringen, diese richtig verstehen zu lernen, ihre ganze Größe zu erfassen, um sich hinaufzuschwingen zu der darin gewollten geistigen Freiheit, sondern er klebt sich im Gegenteil an das, was ihm in dieser Kleinheit geboten wird, nur weil es äußerlich eine andere Form hat.

Es ist *weiteres Hemmnis*, aber keine Förderung!

Einer der größten Vermittler für das Dunkel ist der *Dünkel!* Sehen wir uns einmal Spiritisten an. Mit ganz wenigen Ausnahmen leiden die Anhänger an einem so maßlosen Dünkel, den sie in anscheinende Demut des Wissens kleiden, daß man mit ihnen gar nicht sprechen kann, ohne Widerwillen davor zu empfinden und abgestoßen zu werden. Sie bilden sich ein, vielen Hinübergegangenen »helfen« zu können, während sie selbst in Wirklichkeit der Hilfe weit mehr bedürfen. Es ist dieser Vorgang leider fast überall zu finden. Dieser krankhafte Helferwillen ist aber durchaus nicht Liebe, er entspringt auch nicht dem großen Dienenwollen, ebensowenig kann man ihn auf rein menschliche Hilfsbereitschaft zurückführen, noch weniger auf wahre Frömmigkeit, sondern

26. MYSTIK, OKKULTISMUS UND SPIRITISMUS

es ist nichts als unangenehmste innere Überhebung, die nicht auszurotten geht.

Diese größte aller Schwächen nützt das Dunkel aber redlich aus, namentlich in den Kreisen der Anfangsmedien. Da kommt ein Dunkler, jammert irgend etwas vor, und flugs wollen die unwissenden Menschlein dieser armen Seele »helfen«. Mit frommem Augenaufschlage, Gebeten, geweihtem Wasser, Talismanen und beschwörenden Worten, die nichts weiter ausdrücken als nur den grenzenlosen Hochmut Wissendseinwollender.

Es ist selbstbefriedigende Komödie, weiter nichts. Weihrauchschwingen für die eigene Person. Die Hilfe liegt nur in der Einbildung. *Der Dunkle will in vielen Fällen keine Hilfe!* Er weiß genau, daß diese Menschen ihm nicht helfen können, und rechnet nur damit, sie unbemerkt dadurch zu sich herabzuziehen! Wie sich ja alles Dunkel immer nur auf Schwächen wirft. Und das mit großer Aussicht auf Erfolg; denn durch das Helfenwollen öffnen sich die also Wollenden den Strömungen des Dunkels. Sie reichen diesem Jenseitigen ihre Hand, um ihn heraufzuheben, kommen aber dabei in Kontakt mit ihm und sinken, ohne es zu wissen!

Daß sie es anders wollen, kann in diesem Falle gar nichts nützen; denn sie geben sich freiwillig den Gefahren preis, vor denen sie sonst unbedingt geschützt bleiben. So aber wird der Schutz von ihnen selbst durchbrochen, und solcher Leichtsinn muß sich rächen.

Auch wenn Derartige dann schließlich der Hilfe ande-

26. MYSTIK, OKKULTISMUS UND SPIRITISMUS

rer bedürfen und sie erbitten, sobald sie selber durch die Dummheit in Bedrängnis kommend nicht mehr weiter können, so wollen sie als Hilfe dabei immer nur Erfüllung ihrer eigenen Wünsche, nicht aber etwa die Befreiung von dem dunklen Geiste, den sie an sich zogen.

Wenn solchem Kreise nun ein wahrer Helfer käme, der an Stelle der Erfüllung ihrer unrichtigen Wünsche einen Zugehörigen des Dunkels dorthin senden würde, wohin er nach seiner Art gehört, um zu verhindern, daß er leichtgläubige Unwissende ins Verderben zieht, so würden alle dann Befreiten in einheitlicher Feindschaft gegen diesen Helfer stehen, ihn wahrscheinlich Sendboten des Dunkels nennen, wenn ihr »armer« Geist auf einmal nicht mehr kommen kann. Daß es in Wirklichkeit nur Zorn über Entgangensein so mancher Unterhaltungsstunde ist, in der sie sich »erheben« konnten, wird ihnen nicht klar.

Die »Frommen« nennen es ja Härte, unchristlich, wenn ein solcher Geist dahin befördert wird, woher er kommt, da er *nur dort* und nirgends anders zur Erkenntnis kommen kann. Um einem niederen Geiste wirklich zu helfen, dazu gehören schon ganz andere Dinge, als Teilnehmer und Führer spiritistischer Zirkel bieten können.

Es hat aus diesen und noch vielen anderen Gründen keinen Zweck, derartig Verirrten in ihrem Dünkel auch nur ein Wort zu sagen, trotzdem ich in *jeder* Sitzung, gleichviel, wo und von wem sie geführt wird, auch in den allerstärksten, bei derartigen Vorkommnissen ohne weiteres Beweise herbeiführen könnte. Für dort aber, wo es

26. MYSTIK, OKKULTISMUS UND SPIRITISMUS

wirklich ernstem Wollen gilt, wird man mich immer bereit finden. Ich stelle mich ohne Zögern *jedem* spiritistischen Kreise oder deren Geistern, *jedem* Dämon oder sonstigen Bedrängern gegenüber! –

Nicht anders ist es bei den Okkultisten, die sich im Suchen und zum Teil in Experimenten in Dinge verlieren, die sie nur noch mehr an die niedere feinstoffliche Umgebung ketten. Die Strömungen, denen sie sich öffnen, binden nur fester und halten zurück. –

Ebenso großen Schaden richten Werke der Mystiker an, die mit ihrem unsicheren Tasten in ein Labyrinth von Verworrenheit führen und ein Verirren darin als natürliches Geschehen nach sich ziehen. Es ist zum größten Teil Phantasterei und Schwärmerei, in der sie selbst zu schwelgen suchen oder den Anschein wirklichen Wissens erwekken wollen, das aber nur dem vielsagenden Lächeln eines Unwissenden gleicht. Es ist nicht minder nur ein Wahn, in dem sie leben und der sie manchmal auch dazu verführt, über andere, die weniger gefährlich sind, zu spotten.

Sie sind sich ihrer eigenen Gefährlichkeit gar nicht bewußt, da diese *nur* auf geistigem Gebiete liegt, das zu erkennen sie nicht fähig sind. *Persönlich* sind sie auch ganz unschädlich, doch *ihre Werke* richten ungeheure Verwirrung an und führen irre, gleichviel, ob sie ihre phantastischen Gedanken sorglich in Romane hüllen oder sie in andere Formen gießen. Die Mystik führt noch leichter in die Arme dunkler Strömungen, weil sie gleichzeitig einschläfernde Behaglichkeit oder auch angenehmes Gruseln

26. MYSTIK, OKKULTISMUS UND SPIRITISMUS

mit sich führt, scheu aber jede Klarheit meidet. Die Menschengeister sind dabei im *ungesunden* Leben ohne festen Grund und werden hin und her gezogen.

Gott aber will, daß man seinen Gesetzen nachlebt, weil man *nur darin* glücklich werden kann! Zu diesem Nachleben jedoch *gehört die volle Kenntnis,* keine Unklarheiten. Das ganze Leben und Bewegen in der Schöpfung ist ja den Gesetzen unterworfen, kommt durch sie. Deshalb *muß* man die Schöpfung bis in alle kleinsten Teile *klar* und *vollbewußt* erkennen! Wo bleibt dann Raum für Mystik übrig? Mystik in der Schöpfung ist *gegen den göttlichen Willen,* sie verträgt sich nicht mit den Geboten Gottes und muß demnach den Menschen schaden, denen man sie aufzureden sucht.

Die Mystiker sind also mit den Okkultisten und Spiritisten nah verwandt und schädigend durch Folgen ihres Wirkens. Es ist *geistig* darin kein Unterschied.

Zu bedauern sind dann noch sehr viele *religiöse* Sekten und Vereinigungen, welche alle wähnen, daß jede für sich allein die volle Wahrheit hat und allen anderen *voran*schreitet. Mit diesem Vorurteile treten sie *allem* entgegen, was ihnen begegnet, denken sich nicht neu prüfend frisch hinein in andere Gedanken, sondern schleppen alles Bisherige dabei mit. Sobald sich dieses Alte nicht vermischen läßt mit Neuem, lehnen sie das Neue ab als falsch. Sie richten ihren Maßstab nach dem Alten, das man ihnen gab und das sie oft noch nicht einmal richtig erkannten.

Ihr Urteil ist in dieser Einengung stets vorschnell, eigen-

26. MYSTIK, OKKULTISMUS UND SPIRITISMUS

sinnig. Unsachlich, nicht mit eigenen, sondern mit Worten anderer, die sie selbst nie richtig verstanden haben, suchen sie alles abzutun als *ihrem* Wissen gegenüber minderwertig. Dazu verwenden sie salbungsvolle Sätze, die nicht nur geistigen Hochmut sofort zeigen, sondern auch wirkliche innere Leere und unverrückbare Beschränktheit offenbaren.

Es sind die Scharen, welche immer ganz vertraut: »Herr, Herr!« rufen. Doch der Herr wird sie nicht kennen! Hütet Euch in allererster Linie vor *diesen* »Gläubigen«, damit Ihr nicht mit ihnen stumpf in das Verderben rennt. –

27. IST ABD-RU-SHIN GEGNER DER ASTROLOGIE?

FRAGE:

Ist Abd-ru-shin Gegner der Astrologie?

ANTWORT:

Nein! Ich kenne im Gegenteil den hohen Wert der Astrologie sehr gut. Ebensogut aber auch die Mängel des jetzigen Wissens darüber. Aus diesem Grunde rate ich, die den vielen darin Arbeitenden sehr gut bewußten Mängel den Rat Erbittenden nie vorzuenthalten. Die größte Gefahr jedoch liegt wieder, wie fast in allen derartigen Dingen, auf der Seite des Rat holenden Publikums! Der größte Teil davon wird derart ängstlich abhängig, daß er überhaupt keinen freien Entschluß mehr zu fassen wagt und somit einen Geistesaufstieg, ein Geistesreifen an sich selbst unmöglich macht. Der echten Astrologie würde ich sehr gern den Weg mit bahnen helfen zu der Höhe, die ihr gebührt.

28. DER FALL KONNERSREUTH

FRAGE:

Der Fall Konnersreuth wurde plötzlich der Öffentlichkeit entzogen, nachdem das Interesse ungewöhnlich vieler dafür wachgeworden ist, ohne daß eine befriedigende Erklärung des doch sicherlich außergewöhnlichen Vorganges von den Stellen gegeben wurde, welche diese Entziehung veranlaßten. Der Fall Konnersreuth hat sich zu einer Menschheitsfrage entwickelt und dürfte deshalb nicht nur Studium einzelner hinter Kulissen bleiben, die sich dazu berufen wähnen. Dies im Jahre 1927, nicht etwa 100 Jahre zurück! Sollte da nicht allgemein Protest erhoben werden?

ANTWORT:

Glauben Sie mit einem Proteste heute viel *wertvolle* Gefolgschaft zu erhalten? Ich habe bereits von Anfang an dieses Entzogenwerden kommen sehen und auch schon darauf hingewiesen! Ein Zeichen, daß ich recht erkannte, weil Nichtwissen in Verlegenheit kaum anders handeln kann, wenn es nicht den Mut besitzt, Nichtwissen zuzugeben. Warten Sie ruhig das Ende ab, auch wenn es Jahre dauern müßte. Es wird sich die Wahrheit schließlich auch irdisch zeigen, trotz Verbergens. Die bisherigen

28. DER FALL KONNERSREUTH

Aufklärungsversuche so vieler Wissend-sein-Wollenden waren ja meistens nur planloseste Phantasterei, Zusammenstellungen aus gelesenen, aber kaum begriffenen Büchern, und auch die Wissenschaft und Kirche konnten nichts Zufriedenstellendes bekanntgeben. Kein Wunder, daß es Unruhe erzeugt, wenn man nun in diesem angerichteten Wirrwarr plötzlich einen solchen deutlichen Rückzug unternimmt. Doch trotzdem ist es nicht angebracht, sich aufzuregen. Einmal kommt die Stunde einer Klärung. Ich werde *dann* an meiner Erklärung über den Fall Konnersreuth nicht einen Satz zu streichen oder hinzuzufügen haben, trotzdem man heute noch mit wenig Ausnahmen wohl lächelnd nur darüber hinwegzugehen sucht. Für mich ist der Fall Konnersreuth erledigt.

29. WAS IST ENERGIE? UND WAS IST SCHWERKRAFT?

FRAGE:

Was ist Energie? Und was ist Schwerkraft?

ANTWORT:

Diese Fragen sind vorausgegriffen; denn sie werden erst in späteren Vorträgen ausführlich mitbehandelt. Doch ich will sie in aller Kürze wenigstens andeutend beantworten.

Energie ist Geist! Gerade das Kapitel Geist muß ich noch viel behandeln; denn Geist umfaßt so ziemlich *alle* ungelösten Fragen unserer jetzigen Wissenschaft. Geist hat auch viele Abstufungen, was bisher noch nicht in Betracht gezogen werden konnte, weil es niemand weiß, da »Geist« von dieser Menschheit überhaupt noch nicht erkannt wurde.

Geist ist so vielseitig in seinen Abstufungen, daß er in diesen vielen Abstufungen alle die Irrtümer erstehen ließ, an denen sich die Menschen immer noch vergeblich ihren Kopf zerbrechen.

Die von der exakten Wissenschaft genannte Energie ist also Geist. Doch nicht solcher Geist, aus dem der sichbewußte Menschengeist sich bildet, sondern *anderer* Art.

Heute darüber nur kurz: Die Urgeschaffenen strahlen *in ihrem Wollen* in der geistigen Schöpfung, also dem Para-

29. WAS IST ENERGIE? UND WAS IST SCHWERKRAFT?

diese, aus. Diese Ausstrahlungen sind *auch* geistig, jedoch eine Abstufung nach unten zu; denn sie sind nicht direkte Ausstrahlungen des Heiligen Geistes, des Göttlichen Willens, *sondern Ausstrahlungen* der durch den Heiligen Geist geschaffenen *Urgeschaffenen!* Diese Ausstrahlungen dringen nun als geistige Abstufung nach unten zu strahlenartig über die Grenze des geistigen Reiches und durchfluten die anderen Teile des Weltalls, tragen aber trotz der Abstufung immer noch als geistigseiend lebendige Kraft in sich, die nicht nur stoßend und drängend, sondern auch magnetartig anziehend auf andersartige, nichtgeistige Umgebung wirkt.

Die magnetartige Anziehungskraft dieser geistigen Strömungen jedoch ist in ihrer Stärke nicht so groß wie die der Urschöpfung, die das ganze Weltall hält. So kommt es, daß die aus dem geistigen Reiche hinausgedrängten Strömungen immer *nur kleine Teilchen* andersartiger Umgebung an sich ziehen können und dadurch von diesen umhüllt werden, welcher Vorgang die erst einheitlichen Strömungen zerteilt. Ein solcher geistiger Strom wird dadurch in natürlichem Geschehen in zahllose Stäubchen zergliedert, da die Umhüllungen des Angezogenen trennend wirken. Diese Umhüllungen sind nun allerdings nur ganz winzige, dünne Schichten der verschiedenen Umgebungsarten, weil das *einzelne* kleine geistige Stromstäubchen auch nur seiner Winzigkeit entsprechende geringe magnetische Kraft zum Halten hat. Dadurch entstehen dann nach und nach Elektronen, Atome usw.

Doch der Weg bis dahin ist unendlich weit. Auch diesen

29. WAS IST ENERGIE? UND WAS IST SCHWERKRAFT?

will ich heute kurz beschreiben. Stellen Sie sich vor: Die Ausstrahlungen der Urgeschaffenen in ihrer Aktivität des Wollens drängen über die Grenze des Paradieses hinaus. Sie kommen in das Reich des Wesenhaften als magnetisch anziehende Fremdlinge. Das Wesenhafte selbst besteht wieder aus vielen Abstufungen, die ich vorläufig erst nur in *drei* Grundarten einteilen will: in die *feine,* die *mittlere* und in die *grobe* Wesenhaftigkeit, ganz abgesehen von den Grundarten der bewußten Wesenhaftigkeit, als in dieser Art Höchstes, und der unbewußten Wesenhaftigkeit.

Beim Eintreten des geistigen Stromes in die feine Art der Wesenhaftigkeit geht, durch die magnetische Kraft des Stromes hervorgerufen, sofort die Umhüllung durch diese feine Wesenhaftigkeit vor sich, wodurch gleichzeitig sofort eine emsige Bewegung einsetzt. Dieser Umhüllungsvorgang sieht aus, als ob sich ein feindliches Heer auf diesen Eindringling, den geistigen Strom, stürzt, während aber in Wirklichkeit nur das Geistige in dieser fremden Art seiner neuen Umgebung die Bewegung durch die ihm eigene magnetische Anziehungskraft hervorruft. Das Wesenhafte eilt ihm, angezogen, in fliegender Hast entgegen. Mit der Umhüllung erfolgt gleichzeitig die Zerstäubung des Stromes. Es gibt kein Vermischen des Geistigen mit dem feinen Wesenhaften, sondern nur ein Umschließen des Geistigen durch das Wesenhafte. Der Kern ist ein geistiges Stäubchen, das rund umhüllt von der feinen Wesenhaftigkeit ist, die durch die magnetische Anziehungskraft des geistigen Kernes gehalten wird.

29. WAS IST ENERGIE? UND WAS IST SCHWERKRAFT?

Der geistige Kern behält aber seine magnetische Ausstrahlung trotz der Umhüllung und durchdringt damit die feine wesenhafte Hülle. Bei diesem Hindurchdringen ersteht aber Wärme, und eine Veränderung geht mit der Strahlung des Geiststäubchens vor. Sie tritt durch die Verbindung anders aus, als sie erst war, und gewinnt in dieser Veränderung Einwirkung auf die *mittlere* Wesenhaftigkeit.

Gleichzeitig ist durch den Vorgang des Anziehens der feinen Wesenhaftigkeit in der Umhüllung ein Zusammenpressen der einzelnen Teile der feinen Wesenhaftigkeit erfolgt, also ein Anhäufen um jedes Geiststäubchen; und dieses gepreßte Anhäufen erzeugt Raumverminderung einer bestimmten Masse der anderen noch freischwebenden losen Umgebung der feinen Wesenhaftigkeit gegenüber. Dadurch wird sie von der Anziehungskraft des geistigen Reiches, des Paradieses, nicht mehr auf *gleicher* Höhe wie die noch lockeren Teile gehalten. Es tritt mit dem Zusammenpressen ein *weiteres Entfernen von dem stets gleichmäßig arbeitenden magnetischen Kraftwerke* ein, das in der Beschaffenheit der *geistigen* Schöpfung, des Paradieses, ruht. *Und dieser Vorgang ist der Eintritt des Gesetzes der Schwere.* Er ist gleichzeitig ein Wendepunkt in dem Antrieb des bis dahin erfolgten Geschehens.

Man muß den Vorgang scharf beobachten: Durch die Tätigkeit des Wollens der Urgeschaffenen entstehen Ausstrahlungen. Doch wohlgemerkt, diese Ausstrahlungen sind nicht das Wollen selbst, sondern nur die Begleiterscheinungen des Wollens, *Nebenwirkungen* des Hauptstromes

29. WAS IST ENERGIE? UND WAS IST SCHWERKRAFT?

eines Wollens. Trotzdem erhalten diese vom Urheber unkontrollierten Nebenwirkungen immer noch so viel Stoßkraft, daß sie über die Grenze des geistigen Reiches *hinausgedrängt* werden und dort durch die ihnen in ihrer geistigen Art innewohnende magnetische Anziehungskraft die Wirkung hervorrufen, die ich eben schilderte. Der Hauptstrom des Wollens der Urgeschaffenen hat damit nichts zu tun; er wirkt sich immer nur direkt an dem gewollten Ziele aus. Viel kraftvoller, bewußter. Darüber spreche ich ein anderes Mal.

Die sofortige Umhüllung der über die Grenze gedrängten geistigen Stäubchen verhindert unmittelbar das selbsttätige Zurückfluten in das Geistige, da sich die Schicht des feinen Wesenhaften dazwischen drängt, oder besser, durch die eigene Anziehungskraft der Geiststäubchen dazwischen gehalten wird. Der erste Vorgang der Entfernung von dem magnetischen Zentrum war also ein Hinausgedrängtwerden als Nebenauswirkung irgendeines bewußten Wollens. Mit der ersten Umhüllung jedoch setzt sofort als Urheber der Weiterbewegung Gegenteiliges ein: das Sich-weiter-entfernen-Müssen durch die im Anziehen erfolgte Verdichtung der feinen Wesenhaftigkeit im Verhältnis zu der bisherigen Umgebung der anderen noch unverdichteten feinen Wesenhaftigkeit. Von da ab wirken dann stets *mehrere* Faktoren in dem Bewegungstriebe mit. Bei jeder weiteren Umhüllung tritt ein neuer Faktor dazu.

Eingeschaltet muß hier wieder werden, daß jede einzelne Art in der Gesamtschöpfung in ganz besonderem, durch

29. WAS IST ENERGIE? UND WAS IST SCHWERKRAFT?

ihre Beschaffenheit bedingtem Grade für sich eingestellt ist auf die Anziehungskraft der geistigen Schöpfung, grundgebend abgestimmt immer auf die *lose, unzusammenhängende,* also *nicht gepreßte* jeweilige Art.

Die Feinstofflichkeit ist also auf einen anderen Grad der Anziehungskraft eingestellt als die Grobstofflichkeit. Ebenso aber auch wiederum anders als die Wesenhaftigkeit. So kommt es, daß bei der Umhüllung des Geiststäubchens durch Zusammenpressen feiner Wesenhaftigkeit sofort ein anderer Grad für die Anziehungskraft der geistigen Schöpfung eintritt, die das umhüllte Geiststäubchen sich weiter von dem Anziehungspunkte entfernen läßt.

Dieser Vorgang wiederholt sich bei jeder neuen Umhüllung. Er wird das Gesetz der Schwere genannt, das in Wirklichkeit in der jeweiligen Entfernungsmöglichkeit eines jeden Dinges von der natürlichen Anziehungskraft der geistigen Schöpfung verankert ist! Diese Entfernungsmöglichkeit wird durch die jeweilige Beschaffenheit in ihren verschiedenen Veränderungen bedingt.

Für den weiteren Fortgang kann ich mich kürzer fassen: Die zusammengepreßte Hülle der feinen Wesenhaftigkeit bringt das nach unseren Begriffen genannte *Sinken* mit sich, unter den oben genannten Wirkungen, nähert sich damit der mittleren Wesenhaftigkeit, für welche nunmehr die durch die Hülle veränderte Ausstrahlung des Geistigen genau wieder so anziehend wirkt, wie vorher das geistige Stäubchen auf die feine Wesenhaftigkeit. Hier sei wiederum beachtet, daß die direkte Ausstrahlung des

29. WAS IST ENERGIE? UND WAS IST SCHWERKRAFT?

Geiststäubchens, also die unveränderte, auf die mittlere Wesenhaftigkeit nicht so stark wirken könnte wie die nunmehr durch die Hülle der feinen Wesenhaftigkeit *veränderte* Ausstrahlung. *Erst diese* kann so anziehend auf die mittlere Wesenhaftigkeit wirken, daß sie sich sofort wieder als weitere Hülle über die Hülle der feinen Wesenhaftigkeit legt und von der veränderten Anziehungskraft des Geiststäubchens gehalten wird.

Der gleiche Vorgang beginnt damit wie in der feinen Wesenhaftigkeit, und auch hier wird dann die Ausstrahlung des Geiststäubchens wiederum verändert, indem es durch die *zwei* Hüllen beeinflußt ist. So geht es weiter in die grobe Wesenhaftigkeit, von da in die feine, mittlere und grobe Feinstofflichkeit, immer wieder neue Hüllen der verschiedenen Arten aufnehmend, bis es zuletzt dann in die feine Grobstofflichkeit tritt und damit *diese* Hülle um sich legt. Von hier aus geht es in die mittlere Grobstofflichkeit und dann erst in die schwere, also grobe Grobstofflichkeit, die in ihrem losen Zustande durchaus der Grobstofflichkeit unseres Körpers und unserer sichtbaren Umgebung entspricht. Erst hierin aber werden sie nun zu allem dem, was der exakten Wissenschaft von heute bekannt ist, zu Elektronen, Atomen usw.

Die treibende Energie ist jedoch nur *der Kern* in allem, das winzige *Geiststäubchen,* das als niederste Abstufung im Geistigen nur zu den Nebenerscheinungen des Wollens der Urgeschaffenen im sogenannten Paradiese, der Geistzentrale der Schöpfung, gehört.

29. WAS IST ENERGIE? UND WAS IST SCHWERKRAFT?

Die Schilderung ist in dieser Ausführung natürlich noch sehr einseitig; und aus diesem Gesagten kann man nur Nutzanwendung ziehen, sobald auch die Gesetze der Gleichart mit in Anwendung gebracht werden. Dabei muß man in erster Linie auf die *Hüllen* achten; denn jede Hülle ist nur den Gesetzen *ihrer Art* unterworfen, was gleichbedeutend damit ist, daß sich das Geiststäubchen immer nur dort richtig betätigen kann, wo seine jeweilig *äußerste* Hülle in ihrer Gleichart ist. Mit der grobstofflichen Hülle also nur in der Grobstofflichkeit, und da auch wieder nur in der ganz bestimmten jeweiligen Art. Mit der feinstofflichen Hülle nur in der Gleichart der Feinstofflichkeit. In der wesenhaften Hülle nur in der jeweiligen Art der Wesenhaftigkeit.

Selbstverständlich ergibt sich dabei, daß sich das von uns bezeichnete Gesetz der Schwere, also der Entfernungsmöglichkeit von der Anziehungskraft des geistigen Reiches, auch immer nur vorherrschend an der jeweiligen äußeren Umhüllung auswirkt, diese also ausschlaggebend für den Aufenthalt und für die Kraft der direkten Betätigung ist. Die *Schlüssel* zum Öffnen der Eingänge in andere Arten, wie aus der feinen Wesenhaftigkeit in die mittlere und grobe, sowie dann in die Stofflichkeiten, sind die durch weitere Umhüllungen stets entstehenden *Veränderungen* der *Ausstrahlungen* des Geiststäubchens. Ohne diese Veränderungen wäre weder ein Übergang noch eine Betätigung in der Anziehung möglich. Geistiges müßte also vollkommen unwirksam bleiben, sobald es übergangslos direkt in die

29. WAS IST ENERGIE? UND WAS IST SCHWERKRAFT?

Stofflichkeit käme, da dadurch jede Verbindungsmöglichkeit fehlt.

Zum Schluß noch eins: Aus meiner Erklärung geht demnach hervor, daß Geistiges allein *nicht dem Gesetze der Schwere unterworfen ist!* Es kennt keine Schwere und wird immer, sobald seine Hüllen gelöst sind, unaufhaltsam nach oben steigen oder fliegen *müssen,* in das geistige Reich, das dem Gesetz der uns bekannten Schwere nicht unterliegt.

Um Irrtum zu vermeiden, will ich darauf hinweisen, daß das Geistsamenkorn des Menschen eine *ganz andere Art* des Geistigen ist als die hier geschilderten Geistströmungen. Es hat auch viel mehr Anziehungskraft und übt diese bis zu einem gewissen Grade auch direkt auf die umhüllten Geiststäubchen aus. So mancher Hörer wird sich nun denken können, daß die immerhin große Verteilung *geistiger* Arten in der Nachschöpfung, also auch unseren Teilen, in ihrem Befreitsein von der Schwere der Umgebung eine ungeheure Auftriebskraft in sich tragen, nach dem geistigen Ursprung zu, und somit, verbunden mit der von dort kommenden Anziehungskraft, dem ganzen Weltenall *den Halt* mit geben und die Bahn bedingen helfen, die alles einzuhalten hat.

Das Gebiet ist so gewaltig, daß der kleine Überblick von heute in viele Vorträge verteilt werden muß, um die Hörer und die Leser richtig einzuführen. Aber trotz der anscheinenden Schwierigkeit läuft alles wiederum zuletzt nur auf die größte Einfachheit zurück. Allein die Abzweigung des Menschengeistes in der Unterdrückung seiner *geistigen*

29. WAS IST ENERGIE? UND WAS IST SCHWERKRAFT?

Aufnahmefähigkeit zwingt mich, in jahrelangen Vorträgen die Hörer durch die mühseligen Pfade der Verstandeswege hindurchzuführen, weil sich ein jeder ohne Ausnahme in dem Gestrüpp verlor.

Die Anhäufung der geschilderten Teilchen zu Gestirnen, mit dabei entstehender Ansammlung magnetischer Kraft des darin enthaltenen Geistigen, die außer dem auf sie wirkenden großen Kraftzentrum des geistigen Reiches unter sich und in sich wieder eigene, dem geistigen Reiche gegenüber natürlich weit schwächere Anziehungszentralen haben, welche in der großen Entfernung von dem Paradiese als Hauptzentrum auch unter sich besonders wirken können, trotzdem sie immer in dem Banne der Hauptanziehungskraft des geistigen Paradieses hängend verbleiben, wird eine Serie von Vorträgen für sich. Ebenso die Anhäufung zu Menschen-, Tier- und Pflanzenkörpern.

Wissen ist Macht! Der Ausspruch wird viel angewendet, doch ist dazu ein anderes Wissen nötig, als man heute schon zu haben glaubt. Es ist *geistiges* Wissen, nicht nur Verstandeswissen! Bisher hat die exakte Wissenschaft noch nichts Besonderes darin erreicht, und alle anderen verlieren sich mit unsicherem Tasten in das Reich der unzähligen Mängel niederer Gebiete. Nur wer *alle* Geheimnisse der Schöpfung kennt, der kann die Welt der Stofflichkeit erblühend machen oder sie in Trümmer legen.

30. ERKENNUNG VON INKARNATIONEN AUS FOTOGRAFIEN

FRAGE:

Ist es möglich, daß Menschen an Hand von Fotografien frühere oder spätere Inkarnationen sehen können?

ANTWORT:

Gewiß. Doch nicht ohne gewisse Begrenzungen. Es wird schwer sein bei solchen Personen, die irgendwie direkt in großes Weltgeschehen (also nicht nur irdisch allein gemeint) verwoben sind; denn diese stehen unter besonders starken Strömungen, die einen Seher verwirren oder seinen Blick trüben, vielleicht auch eine Annäherung zu seinem eigenen Besten unmöglich machen.

31. IST ABD-RU-SHIN EIN SEHER?

FRAGE:

Ist Abd-ru-shin ein Seher oder schöpft er aus fremden Quellen?

ANTWORT:

Trotzdem diese Frage ja rein persönlich ist, also Neugier, und das Wissen darüber zu geistigem Aufstiege absolut nichts beitragen kann, will ich ausnahmsweise darauf antworten.

Ich bin kein Seher in dem bekannten Sinne, schöpfe aber ebensowenig aus fremden Quellen. Beides habe ich nicht nötig. Auch entlehne ich von keiner Seite her, wie manche wähnen. Es ist kein Zusammentragen aus anderen Bestrebungen. Wenn Sie verwandte Klänge in verschiedenen alten und neueren Richtungen finden, so kommt dies lediglich daher, daß diese Wahrheitskörner in sich tragen. Solche müssen sich ja überall gleichbleiben und sich deshalb auch in meinen Vorträgen wiederfinden.

Ich schöpfe selbst und stelle nicht zusammen! Wer sich nicht damit begnügen kann, der würde es auch nicht verstehen, wenn ich noch mehr erklären wollte. Ich will, daß man *die Worte prüft* und in sich aufnimmt, soweit man es kann; denn ohne *eigene Überzeugung* eines jeden einzelnen hat es für ihn gar keinen Wert. Die Überzeugung aber darf nicht des Wortbringers halber sein, sondern muß aus der inneren Übereinstimmung mit dem Gesagten kommen! Das erwähnte ich ausdrücklich schon im Anfang meiner Vorträge, noch mehr, das *fordere* ich. Und dabei sind solche Fragen überflüssig. Wer überdies beim Lesen das Schöpfen nicht schon selbst empfindet, hat auch die Botschaft noch nicht ganz erfaßt.

32. WER WAR DIE SEELE DES RÄTSELS VON KONNERSREUTH?

FRAGE:

Wenn Abd-ru-shin mit solcher Sicherheit das Rätsel von Konnersreuth erklärt, so kann er wohl auch sagen, wer diese Seele früher einmal war, woraus ihr Karma stammt?

ANTWORT:

Selbstverständlich. Daß ich darüber schwieg, liegt lediglich daran, weil ich bei *sachlichen* Erklärungen bleibe und nichts in Persönliches hinüberziehe. Nur was zur Klärung einer öffentlichen Frage unbedingt notwendig ist, berühre ich dabei.

33. KANN EIN VON EINEM DÄMON BESESSENER MENSCH GEHEILT WERDEN?

FRAGE:

Kann ein von einem Dämon besessener Mensch geheilt werden?

ANTWORT:

Ein Mensch kann überhaupt nicht von einem Dämon »besessen« sein! Das geht schon aus ganz natürlichen Gründen nicht; denn der Kern des Menschen ist *Geist,* ein Dämon aber Wesen, einst harmlos, doch durch Menschengeistwollen zum Dämon großgezogen. Und da Geist höher ist als Wesen in seiner Beschaffenheit, so vermag Wesen den Geist nicht zu verdrängen, auch nicht zeitweise, was bei Besessensein notwendig ist. Der Mensch kann aber dämonisch *beeinflußt* sein! Das ist ein großer Unterschied; denn zur Beeinflussung gehört ein gewolltes inneres Entgegenkommen des betreffenden Menschen, sei es nun hervorgerufen durch sein Handeln, also einen von außen nach innen wirkenden Vorgang, oder durch sein eigenes Wollen, irgendeinen Hang, den er sich angeeignet, also zur Eigenschaft gemacht hat. In diesem Falle öffnet er sich zuerst innerlich diesem üblen Einflusse und wirkt dann beeinflußt nach außen.

33. KANN EIN VON EINEM DÄMON BESESSENER MENSCH ...

Dämonisch beeinflußt sein kann also nicht ohne eigenes Wollen geschehen. Aus *diesem* Grunde wird auch eine Heilung oder Hilfe *sehr erschwert*. Der Zustand ist auch viel gefährlicher für den Menschen selbst und für seine Umgebung, da er berechnender, heimtückischer, vollkommen bewußt handelnd wirkt.

Ein Besessener jedoch ist von einem bösartigen, niederen, also dunklen jenseitigen Menschengeiste zeitweise oder dauernd richtiggehend »besessen«. Das heißt, der eigene Geist in ihm ist während des Besessenseins zur Seite gedrückt und lahmgelegt, während der Eindringling Besitz von dem Körper und dessen Gehirnfunktionen nimmt, wenn auch nur teilweise, von dem Tagesgehirn aber ganz. Dieses Verdrängen kann geschehen, weil der Bösartige auch Geist ist, also nicht Wesen, doch immer wieder auch nur dort, wo eine Handhabe dazu von dem *eigenen* Geiste gegeben wurde. Das kann durch vielerlei Art erfolgen. Entweder durch zu große Schlappheit, also Trägheit des eigenen Geistes, oder bei Spielereien mit den sogenannten Jenseitigen, wie Tischrücken usw., sowie durch eine Menge anderer Geschehnisse, wie Schreck, Furcht, Angst, welcher Zustand für kurze Augenblicke die Kraft des eigenen Geistes lähmt.

Doch auch hierin gibt es wieder so zahlreiche Variationen des Vorganges, daß man dies nicht schematisch oder nur flüchtig beantworten kann. Ich müßte einen besonderen Vortrag darüber schreiben und bringe heute nur die groben Grundzüge, welche den darum Fragenden ein rechtes Bild geben können.

33. KANN EIN VON EINEM DÄMON BESESSENER MENSCH ...

Besessenheit ist leicht und schnell zu heilen. Natürlich nicht von Spiritisten, nicht von Geistlichen, nicht mit Beschwörungen und allem Ähnlichen, auch nicht von Teilwissenden – alles das hat nichts zu sagen in der Schöpfung –, sondern es muß in der Kraft eines dazu Berufenen liegen, die weit stärker ist als die aller dabei in Betracht kommenden bösartigen Geister, die oft über riesenhafte Energie verfügen. Wie aber diese Bösartigen Zusatzkräfte aus dem Dunkel erhalten, so erhält ein reiner Geist in reinem Glauben Kräfte aus dem lichten Reinen zu der eigenen, im schlichtesten Gebete vor der Handlung. –

Besessenheit ist also schnell zu heilen, Beeinflussung viel schwerer. Man kann mit Sicherheit annehmen, daß sehr viele Menschen in den Irrenhäusern nur besessen sind, nicht krank. Natürlich gehen sie körperlich dabei mit der Zeit zugrunde; denn der Körper vermag diesen geistigen Überdruck nicht für die Dauer auszuhalten. –

34. CHRISTUS UND DIE WIEDERINKARNIERUNG

FRAGE:

Wie kommt es, daß Christus nie etwas von der Wiederinkarnierung gesagt hat? Er hat auch nie vom Heiligen Gral gesprochen.

ANTWORT:

Christus hat nur alles das gesagt, was die Menschen zu *seiner Zeit* wissen mußten, um geistig aufwärtssteigen zu können, nicht mehr. Heute aber müssen die Menschen eingehendere Erklärungen haben, da sie sich ja als unfähig erwiesen haben, den tiefen Sinn der in Einfachheit von Christus gegebenen Gleichnisse und Bilder zu erfassen. Außerdem aber war das Abendmahl am Ende seiner Erdenzeit eine *Gralshandlung*.

Doch diese Erklärungen sind von einer weitergehenden Art als es jetzt nötig ist. Was die Menschen *heute* zu dem Aufstiege brauchen, haben sie erhalten. Wer noch mehr wissen will, hat das bisher Gesagte nicht erkannt, ihm würde auch das Weitere nicht helfen können. –

35. ANZIEHUNG DER GLEICHART

FRAGE:

Abd-ru-shin spricht vom Weltgesetz der Anziehungskraft der Gleichart. Wie kommt es dann, daß sich Extreme berühren, während sich gleichartige Pole abstoßen. Überall, auch bei den Menschen, kann man das beobachten. Gute Frauen haben meistens nicht gerade besondere Männer, während gute Männer oft auffallend schlechte Frauen haben, und so fort. Derartige Beispiele sind viele anzuführen.

ANTWORT:

Wenn ich von dem Weltgesetz der Anziehungskraft der Gleichart spreche, so handelt es sich dabei nicht um kleine Teilarten, wie die in der Frage erwähnten. Wenn Sie von Gleichart im Weltgesetz reden wollen, so müssen Sie erst klar darüber sein, was überhaupt eine *Art* ist!

Positive Elektrizität z.B. ist wie auch eine schlechte Frau oder ein schlechter Mann noch lange keine Art für sich, wie sie im Weltgesetz zur Geltung kommt. Positive und negative Teile drängen zusammen, weil sie mit noch vielen anderen Teilen erst eine Art bilden können, die dann die Anziehungskraft auf die gleiche *geschlossene* Art

35. ANZIEHUNG DER GLEICHART

ausübt. Überdies ist das Zusammendrängen der verschiedenen Teilarten direkt eine Auswirkung dieses Gesetzes der Anziehungskraft der Gleichart, die erzwingt, daß die zu einer vollkommenen Art gehörenden Teile sich finden und zusammenschließen müssen. Auf diese Dinge komme ich später sowieso noch, je mehr wir uns den irdisch sichtbaren Vorgängen nähern.

36. SPIRITISTEN

FRAGE:

Abd-ru-shins Worte über die Spiritisten sind von einer solchen Schärfe, daß man hinter ihnen eigentlich nur zweierlei vermuten kann. Entweder noch teilweise Unkenntnis davon oder aber so überragendes Wissen, daß dieses noch über allen Jenseitigen steht, die sich in spiritistischen Kreisen kundgeben. Eins von diesen beiden Dingen kann nur die Grundlage seiner wirklich auffallenden Schärfe bilden, die von den übrigen Vorträgen direkt absticht. Warum ist Abd-ru-shin ein so strenger Gegner des so weitverbreiteten Spiritismus?

ANTWORT:

Ich bin kein Gegner des Spiritismus. Schon einmal habe ich dies besonders betont. Aber die *Auffassung und Einstellung der Spiritisten* muß bis auf wenige Ausnahmen verworfen werden. Sie würden mit einer Herde Schafe ohne Hirten zu vergleichen sein, sind aber in Wirklichkeit weit schlimmer daran als diese, was sich sehr bald erweisen wird.

Der Spiritismus an sich hat seine volle Berechtigung und eine hohe Aufgabe. Die Kundgebungen aus dem sogenannten Jenseits sind in den meisten Fällen gut gemeint und in ihrem nicht sehr weiten Ausblick dem recht beschränkten

36. SPIRITISTEN

Begriffsvermögen der danach Lechzenden vollständig angepaßt. Wäre das Begriffsvermögen der damit gemeinten Kreise gesünder und freier, so würden auch die Kundgebungen durch schon *höhergestiegene* Jenseitige wechselwirkend erfolgen können.

Das Falsche und Verwerfliche aber bringen auch hierbei nur die Anhänger, also die Spiritisten hinein, indem ein jeder Kreis sich einbildet, das Höchste zu erhalten, die lautere Wahrheit, welche jedoch den sich Kundgebenden selbst noch völlig fremd ist oder wenigstens getrübt.

Ich sage frei auf obenstehende Befragung, daß nicht Unkenntnis mich also sprechen läßt, sondern das *Mehrwissen* als *alle* spiritistischen Kreise und deren Kundgeber!

Ruhig und kühl behaupte ich, daß dort, wo Höchstes sich zu offenbaren scheint, natürlich immer nur nach Meinung dieser Kreise, ein grenzenloser Irrtum liegt, hervorgerufen, ausgebildet und genährt von den Anhängern dieser Kreise selbst. Die Menschen wissen ja gar nicht, welchen Begriffsverwirrungen sie immer unterliegen. Und *das* ist es, was sie in sich gefestigt vor sich selbst *erscheinen* läßt.

Den guten Glauben an sich selbst und an die Höhe aller Kundgebungen, deren sie teilhaftig werden, spreche ich keinem Menschen ab, aber mit aller Schärfe und Bestimmtheit das wirkliche Wissen beider Teile: der Anhänger und auch der Kundgebenden!

Die eingehenden Briefe aus verschiedenen Nationen und Ländern liefern mir bei allem Gutgemeinten darin und bei aller Ehrlichkeit nur immer wieder den betrübenden

36. SPIRITISTEN

Beweis, daß es damit leider noch schlimmer ist, als ich es sagen will. Man kann sich nur mit großer Traurigkeit von allen den Verirrten wenden, die sich in sich durch die eigene Beschränkung so beruhigt und gehoben fühlen. Gerade in diesem anscheinenden Gehobensein ruht die entsetzliche Gefahr des Unterganges, der jetzt schon nicht mehr droht, sondern bereits ganz unvermeidlich ist. Es ist nicht Dünkel der Betroffenen, welche in die Millionen gehen, nicht ein Sich-überheben-Wollen, aber mit Mitleid über andere im Herzen gehen sie den Weg zur eigenen Verdammnis. –

Auch hier kann ich nur sagen: Wartet nur die kurze Zeit, welche zu erwarten niemand mehr ermüden kann, und mancher davon wird endlich mit großem Schreck erkennen, daß durch sein eigenes Verhalten der Weg vor ihm noch so lang ist, daß seine Kraft nun nicht mehr ausreicht, das ersehnte Ziel noch vor der letzten Stunde zu erreichen, weil er sich viel zu lange nur mit Nichtigkeiten aufgehalten hat, welche er hartnäckig für groß und heilig hielt.

37. PENDELN

FRAGE:

Ich pendele! Nicht in gewöhnlicher Art, sondern in ernster Forschung. Daß ich mich auf meine Ergebnisse unbedingt verlassen kann, weiß ich. So pendelte ich neben vielem auch über Christus, Moses, Buddha mit auffallenden Ergebnissen. Ich unterließ zuletzt auch nicht das Pendeln über Abd-ru-shin und weiß daher, wer er ist. Außer mir kenne ich noch viele Andersbegabte, die es ebenfalls wissen und sich darin nicht beirren lassen.

In der Beantwortung der Frage, ob Abd-ru-shin ein Seher ist, weist er derartige Fragen als neugierig zurück und gibt eine Antwort, die dem Sinne nach wohl richtig ist und der Wahrheit entspricht, aber doch viel deutlicher sein müßte.

Ich stelle deshalb mit meinem Briefe an Abd-ru-shin die Frage: Warum weist Abd-ru-shin derartige menschlich berechtigte Fragen zurück, warum bekennt er sich nicht offen zu dem, was doch vielen schon bekannt ist?

ANTWORT:

Weil ich es nicht nötig habe! Wahrhaft Berufene werden es immer wissen zu der Stunde, wo sie es brauchen, auch ohne mein Zutun. Die aber, die sich berufen dünken und es doch nicht sind, brauchen es nicht zu wissen. Außerdem handelt

37. PENDELN

es sich hierbei um *das Wort* an sich, nicht aber um mich persönlich. Eine Vermischung des Wortes mit der Person lenkt unbedingt einen Teil der Aufmerksamkeit von dem Worte ab auf die Person. Das schadet zwar nicht dem Worte, auch nicht dem Bringer dieses Wortes, wohl aber immer dem, der das Wort ungeteilt und unbeeinflußt in sich aufnehmen will.

Wer hören will, der hört auch so, und anderen würde mit größerem Entgegenkommen auch nicht mehr geholfen sein. So bleiben diese wenigstens davor bewahrt, sich vielleicht neues Karma aufzubürden durch unbedachten Spott, der sie einst bitter reuen müßte.

Ich aber warne *jeden* Leser und *jeden* Hörer *zum letzten Male* mit tiefstem Ernste auch vor dem Pendel und rate, sich von jetzt ab *völlig abzuwenden* von *jedem* Versuche irgendwelcher Hilfsmittel der Okkultisten, Spiritisten, Anthroposophen usw. Gleichviel was es ist, es kann das Harmloseste sein, auch die sogenannten Meditationen, *alles wird von jetzt an den sich damit Befassenden zum Schaden sein!* Sie werden von dem Dunkel erfaßt und herabgezogen, ohne es zu merken, da Lichtes nicht mehr an sie herankommen kann.

Ein jeder einzelne ist selbst schuld an seinem geistigen Untergange; denn von jetzt ab ist das Lichte zurückgezogen und dem Dunkel freie Hand gelassen. Es wird nicht säumen, sich derer zu bemächtigen, die ihm durch solcherlei Beschäftigungen auch nur eine Fingerspitze reichen. Mit schönen, gleisnerischen Worten, die den geistigen Sturz nicht ahnen lassen. Wer nicht hören wollte, wird nunmehr fühlen müssen; denn der Anfang von dem Ende hat bereits begonnen, was jeder nur einigermaßen unbeeinflußte Beobachter erkennen muß.

38. LORBER

FRAGE:

Was sagt Abd-ru-shin über Lorber?

ANTWORT:

Seine Werke las ich nie, aber ich weiß, daß er ein Wegbereiter sein sollte für den Wahrheitsbringer. Wenn er persönlich sich ganz in den Dienst dieser Aufgabe stellte, so befleißigen sich jedoch nun die Anhänger, diese zum Teil freudig erfüllte Mission zu zerstören. Er wollte suchende Menschen dem Wahrheitsbringer *entgegenführen,* nicht aber selbst der Wahrheitsbringer sein. Viele seiner Anhänger jedoch verschließen ihre Augen und Ohren allem anderen und halten das, was er gebracht hat, für das Höchste, so daß sie selbst die Botschaften des Wahrheitsbringers niedriger bewerten werden. Sie untergraben damit Lorbers Aufgabe und auch sein Wollen.

Solches Geschehen aber ist nicht neu, sondern es findet sich heute überall, ob es nun Bahai ist oder die Anthroposophie und alle übrigen Bewegungen kleinen oder großen Stiles, so daß es für viele besser gewesen wäre, es würden keine Vorläufer gekommen sein. Glücklicherweise ist so manches kommende Geschehen stark genug, um auch derartige gefährliche Verirrungen hinwegzuschwemmen und die Wahrheit dabei bloßzulegen.

38. LORBER

Vorläufer konnten noch so deutlich sprechen, die Anhänger suchen in Verblendung immer eine falsche Deutung, übersehen störrisch die deutlichsten Hinweise. Sie sind unheilbar in ihrer Unfähigkeit, etwas ganz unverändert einfach aufzunehmen, wie es ist. Immer versuchen sie, Deutungen und Erklärungen zu geben, in denen sie ihr eigenes Licht mit sehen lassen können! Es wird aber vielleicht so manchem noch zu helfen sein, durch rechtzeitig eintretendes Erkennen in der Not. –

39. PRÜFSTEIN FÜR OKKULTISMUS

FRAGE:

Abd-ru-shin lehnt Spiritismus und okkulte Vorkommnisse im Prinzip nicht ab, sondern nur die jetzige Art der Ausübung. Gibt es denn einen Prüfstein, an dem man erkennen kann, welcher der vielen Kreise einen rechten Weg verfolgt, und welcher auch eine gewisse Höhe hat?

ANTWORT:

Das gibt es selbstverständlich, aber für den Menschen immer nur bis zu einem ganz bestimmten Grade. Heute ist noch alles zu verworren, und das Falsche nistet fast in jedem Kreise. Deshalb gebe ich auch keinen Rat darin. Doch von den ersten Tagen des Gerichtes an ist es allein *das Wort* des Menschensohnes und dieser selbst.

Die Kreise, die das Wort *erkennen,* sind auf rechtem Wege, im Diesseits und im Jenseits; darin ist kein Unterschied, es gilt für alle. Und die Hellsehenden, welche den Menschensohn erkennen, haben *reine* Fähigkeiten. Sie werden Dinge an und um ihn sehen dürfen, die kein Zweiter um sich haben kann, weil eine Vortäuschung gerade dieser hohen Zeichen ganz unmöglich ist! Und dadurch können sie in dem Erkennen auch zuletzt nicht irregehen. Für solche aber, die nicht reinen Herzens sind,

39. PRÜFSTEIN FÜR OKKULTISMUS

ist auch die Fähigkeit des Hellsehens vergeblich und verderblich.

Reinen Herzens dünken sich nun viele, die es gar nicht sind, sondern in falscher Demut innerlich sorglos leben. Auch unter denen bringt es dann gleichzeitig eine Scheidung. Die suchenden Menschen aber können ganz beruhigt sein, im letzten Augenblicke der höchsten Gefahr und Not ist Unterschiebung eines falschen Menschensohnes ganz unmöglich, weil diesem nicht die Kraft gegeben sein würde, wirklich zu helfen. Er würde auch nur Menschenklugheit bringen können, nicht aber die göttliche Weisheit, die dem wahren Menschensohne beigegeben ist.

40. DAS DUELL

FRAGE:

Wie stellt sich Abd-ru-shin zu dem Duell?

ANTWORT:

Eine sonderbare Frage. Wer die allein maßgebenden göttlichen Gesetze nur etwas zu verstehen gesucht hat, wird wissen, daß jedes Duell nicht nur kindisch ist, weil doch genug Gelegenheit geboten wurde zu beobachten, daß in vielen Fällen gerade die wertvolleren Menschen dabei fielen oder am Körper geschädigt wurden, sondern daß es unbedingt ein Verbrechen ist. Über diese Tatsache hilft selbst das schillerndste Mäntelchen nicht hinweg. Lächerlich geradezu wirkt die äußere, würdig gehaltene Form dieser Angelegenheiten, die tatsächlich einer besseren Sache wert wäre. Alle Beteiligten bürden sich dabei geistig mehr oder weniger eine gewaltige Schuld auf, die abzutragen ihnen nicht leicht wird. Nebenbei haben sie auch noch die Auswirkungen aller Nachteile und Seelenschmerzen der Zurückbleibenden zu tragen und zu lösen.

Es ist ein Zeichen von auffallender innerer Öde und Hohlheit dort, wo derartige Auswüchse gesellschaftlicher Begriffe heranreifen können, die nach keiner Seite hin eine befriedigende Lösung zu bringen vermögen und über

40. DAS DUELL

deren offenbare, einer kindischen Maskerade sehr nahe kommende Unsinnigkeit jeder innerlich ernste Mensch sofort im klaren sein muß. Um aber Männlichkeit und Mut zu zeigen, bedarf es ebenfalls *mehr* als des äußeren Haltes weniger Stunden. Dafür bietet das *Erdenleben* ganz andere Gelegenheiten, vor denen sich jedoch gerade solches Scheinheldentum sehr oft fürchtet und nicht selten feige flüchtet. Es sind die *Pflichten* gegen ihre *Nebenmenschen,* gar nicht zu sprechen von den eisernen Pflichten ihrem Schöpfer gegenüber. Nun, sie alle haben für so schreiende Zuwiderhandlungen schon ihren Lohn und werden diesen auch in Zukunft unverkürzt empfangen. –

Gesellschaftliche Sonderanschauungen können niemals rütteln an den Weltgesetzen. Wer sich zum Spielball derartiger Anschauungen und Gebräuche machen läßt, hat auch den echten Kern in sich verschüttet, ihm kann darin nicht geholfen sein. Bis er endlich einmal davon erwacht, ist es für ihn sodann zu spät. Gekränkter Ehrbegriff im Sinne des Duells ist in dem rechten Licht gesehen weiter nichts als nur ein Teil der Selbstverherrlichung, die aus der Kreatur gern auch den Schöpfer machen möchte, anstatt des Knechtes Herr zu sein versucht. Das gibt eine Karikatur, wie alles Ungesunde, Unnatürliche. Der Sturz ist selbstverständlich dabei um so tiefer.

41. DER MENSCHENSOHN

FRAGE:

Ist der Menschensohn schon auf der Erde oder wird dieser erst geboren? Warum schweigt Abd-ru-shin gerade über diesen Punkt beharrlich?

Will Abd-ru-shin den vielen Menschen, die sein Wort mit Überzeugung aufgenommen haben, nicht auch in dieser Hinsicht einen Fingerzeig des rechten Weges geben?

ANTWORT:

Die nahe Zukunft wird von selbst die Antwort bringen; denn es wird *nur einen* Weltenlehrer geben. Auch wird der Menschensohn nicht erst geboren, sondern er ist lange schon mitten unter den Menschen, wie so mancher religiöse Künder bereits richtig empfand.

Steht doch die harte Zeit, in der er für geistige und irdische Nöte als der einzige wirklich Helfenkönnende unter allen falschen Propheten und Führern übrigbleibt, *viel näher bevor,* als selbst die heute noch als schwarzseherische Phantasten bezeichneten Menschen es sich denken. Er kann also kein Kind mehr sein, noch erst geboren werden. Das wäre viel zu spät für eine rechtzeitige Hilfe.

Er harrt nur ruhig der Zeit der Erfüllung seiner Aufgabe, da man ihn heute ja belächeln und von vielen Kreisen nicht weniger hassen würde als einst den Gottessohn.

Warum von ihm ein vorzeitiges Sichbekennen, wo der *Gotteswille* selbst die Wege für ihn ebnen wird? Er braucht sich nicht an einem Rennen zu beteiligen, dessen Ziel *allein das seine ist!* Niemand wird es außer ihm erreichen. Wer von den wirklich ernsthaft Suchenden kann sich denn vorstellen, daß dieser Menschensohn sich jetzt in eine Reihe stellen würde mit den vielen, oder auch nur neben einen davon, die sich Führer nennen lassen! Kommt Ihnen dabei nicht ein Lächeln? Er wirbt nicht um die Gunst der Menschen, wird auch nicht mit Kirchen streiten; denn das hat er gar nicht nötig, da Gottes Wille ihm die Menschheit diesmal *wie mit Geißeln* in die Arme treibt!

Sein ruhiges Abwarten ist das Furchtbarste, was der Menschheit geschehen kann!

Sie verdient es jedoch nicht anders. Ihr wird, was sie sich selbst bereitete. Deshalb warten auch Sie geduldig, bis die Zeit erfüllet ist.

42. DURCH MITLEID WISSEND

FRAGE:

Abd-ru-shin sagt, daß die Gralslegende eine Prophezeiung sei. Das ist mir gut verständlich. Seine Gralsbotschaft schildert aber den Menschensohn Parzival streng bis zur Härte, während es in der Gralsdichtung von dem »Reinen Tor« heißt: »Durch Mitleid wissend!«

ANTWORT:

In der gerechten Strenge allein liegt fördernde Liebe! Außerdem mißverstehen Sie die Worte: »Durch Mitleid wissend«. Daß Parzival ein *Kämpfer* ist, darauf braucht wohl nicht extra hingedeutet zu werden. Dann überlegen Sie sich selbst einmal ganz ruhig, objektiv: Kann jemand durch Mitleid mit den anderen wirklich *selbst wissend* werden? Durch das von Ihnen und wohl auch vielen anderen gedachte erbarmende Mitgefühl? Denken Sie tief nach, Sie werden zuletzt zu der Überzeugung kommen, daß ein *wirkliches Wissen* durch Mitgefühl *nicht* erstehen kann. Demnach ist die Deutung falsch.

Nun fassen Sie es von der anderen Seite an, dann kommen Sie darauf, wie es gedeutet und verstanden werden muß, wie es von Anfang an gemeint wurde. Es bedeutet: »Durch *Mitleiden* wissend!« Das ist richtiger. Mitleid ist

42. DURCH MITLEID WISSEND

eigentlich Mitleiden! Nicht in dem Leide der anderen nur mitfühlen, sondern richtiggehend selbst unter den anderen *mit leiden*. *In eigenem Erleben* alles fühlen müssen! Das ist etwas ganz anderes.

Es ist auch in der Legende oder Prophezeiung trotz Abweichungen von der eigentlichen Inspiration durch die Mitarbeit des menschlichen Dichtergehirns bei der Wiedergabe noch deutlich genug ausgedrückt, daß der verheißene Parzival alle irdischen Irrtümer *selbst* kämpfend *durchleben* muß, um darunter zu leiden wie viele andere. Erst dadurch wird er zuletzt wirklich *wissend* darüber, was daran falsch ist und wo er dann bei Beginn seiner eigentlichen Aufgabe helfend und ändernd einzugreifen hat!

Daß er in *geistiger* Beziehung als »*Reiner Tor*« alles erleidet, in anfänglichem Unverständnis der irdischen Ansichten, weil er sein Denken und damit auch seine Handlungen unwillkürlich überwiegend nach dem richtigen *jenseitigen* Maßstabe lenkt, der dieser Menschheit unverständlich wurde im Laufe der vergangenen Jahrtausende, und so unbedingt mit den Ansichten dieser Menschheit in Konflikte kommen muß, ist nicht schwer zu verstehen, da er ja aus einer ganz anderen Welt kam, die nach *göttlichen* Urgesetzen lebt, welche in vielem grundverschieden sind von den Gesetzen, die die geistig verirrten Menschen hier auf Erden sich erdachten. Daß er dabei dann streng wird und zuletzt zur Stunde seiner Aufgabe ganz unerbittlich alles Irdische nach göttlichen Gesetzen biegt und ändert, ist ebenso natürlich.

42. DURCH MITLEID WISSEND

Dazu mußte er, der aus den hohen Fernen kommt, wo die Anschauungsverirrungen nur selbstgeschaffenen irdischen Leidens unverständlich bleiben müssen, erst alles *an sich* unter diesen Menschen *miterleiden,* um das richtige Verständnis dafür zu erhalten. Ohne eigenes Erleben kann nicht *das* Wissen erstehen, das wirklich abzuhelfen fähig ist, mit scharfem, festem Griff, ganz zielbewußt und unbeirrbar. Da wird dereinst der Menschenklugheit keinerlei Verdrehen und kein Wenden nützen. Sie ist in ihrer ganzen Fehlerhaftigkeit von ihm erkannt. Die kranken Stellen werden aufgeschnitten und beseitigt, um der strebenden Menschheit ihre Zeit des Erdenlebens zu erleichtern, es sogar paradiesähnlich zu machen.

Zu dieser Aufgabe gehört das höchste Wissen vorher eng vereinigt mit dem irdischen Erleben, mitten unter diesen Auswüchsen des menschlichen Verstandes. Und deshalb ist das Opfer eines vorherigen Miterleidens unvermeidbar, wenn es zu echtem Wissen kommen soll! Es gibt die notwendige Folgerung zur Strenge bis zur Härte, da das eigene Erleben immer als ein Beispiel vor ihm stehen wird.

Natürliches Geschehen, dessen Größe von der Menschheit wie immer erst weit nachher erkannt zu werden vermag, damit auch die Sicherheit in der geistigen Führung, welche alle Wege immer nur aus der Natürlichkeit heraus benützt. Bei solcherlei großem Geschehen kommen die als Nebenfolgen mitlaufenden irdischen erfreuenden oder Leid bringenden Ereignisse kaum in Betracht. Deshalb bleibt es dem Ausführenden immer selbstverständlich. Er heischt dabei nicht nach dem menschlichen Verständnis oder Mitgefühl und registriert nur scharf beobachtend in der Empfindung jegliches Erleben, wissend, daß es ihm zur Ausbildung zu dienen hat.

Und herrlich wird zuletzt alles ausgeführt! Die Leiden selbst, die Anfeindungen durch die Menschheit in so vielerlei Gestalt, schärfen das Schwert, härten selbst den Stahl des Hammers, der sie einst rückwirkend zerschlagen soll in ihrer fehlerhaften Überhebung! Bewundernd wird der Menschengeist nach dem Geschehen einst im Rückblick auf die Weisheit seines Schöpfers demutsvoll sich beugen und willig *dienend* sich in das Getriebe seiner Schöpfung stellen. –

43. WIEDERINKARNIERUNG UND KONFESSION

FRAGE:

Wenn Stigmatisierungen zum Teil Karma-Auswirkungen sein sollen, so müßten diese doch nur unter dem jüdischen Volke vorkommen, welches damals Christus kreuzigte.

ANTWORT:

Mancher Leser wird erstaunt sein, daß ich eine so naive Frage öffentlich beantworte. Ich halte es jedoch für notwendig, da derartige beschränkte Anschauung leider sehr viel vertreten ist.

Wiederinkarnierungen richten sich nicht nach irgendeiner Religionsanhängerschaft, sondern lediglich nach der Reife des Geistes, sowie den Eigenschaften, die diesem anhaften, die er sich also erworben hat oder die er an sich trägt. Der Grad der Reife wie auch die Art der Eigenschaften lösen die Auswirkung der Anziehungskraft der Gleichart im Weltgeschehen aus, also auch bei Wiederinkarnierungen, nicht aber irgendeine religiöse Anschauung oder eine Konfession.

Unter den jetzigen Juden sind deshalb viele vorherige Christen inkarniert, wie auch unter den jetzigen Christen sehr viele vorherige Juden. Religiöse Schranken sind rein

43. WIEDERINKARNIERUNG UND KONFESSION

irdisch, wie auch die Nationalität. Vor diesen durch Menschensinn errichteten Schranken macht ein Geschehen wie Wiederinkarnierung nicht halt, da diese Schranken oder Grenzen nicht in sich lebendig sind, im Weltgeschehen nichts bedeuten. Es sind in Wirklichkeit nur kleine, nebensächliche Dinge, die allein der kleine Erdenmensch als wichtig und groß ansieht, um ... irdischen Einflusses willen! Nichts weiter.

Es ist sehr oft ein Christ in seinem nächsten Erdensein ein Jude, um später wieder Christ zu sein und umgekehrt, natürlich auch ebenso Anhänger anderer Religionen. Auch das Geschlecht ist Nebensache. Es wechselt oder bleibt bestehen je nach Entwicklung der Art der Eigenschaften oder des »Hanges«.

Neben all der Größe, die darin liegt, beweist dieser Umstand, daß eine bestimmte Religionsanschauung nichts mit dem eigentlichen Werte oder Unwerte eines Menschengeistes zu tun hat, außerdem, daß ein Religionshaß wie auch Nationalhaß etwas irdisch Kleines, Niedriges ist, ja sogar direkt lächerlich, weil unsinnig. Aber auch die Religionsbegriffe können nie richtig lebendig in dem Erdenmenschen werden; denn sonst müßte ihre Einwirkung doch stärker sein und tiefer gehen, nachhaltiger bleiben! Die wenigen Ausnahmen, die wirklich *lebendig* in ihren Anschauungen stehen und deshalb auch nachhaltiger unterworfen bleiben, so daß es auch bei Wiederinkarnierungen mit geltend wird, können nicht als Beispiele genommen werden.

43. WIEDERINKARNIERUNG UND KONFESSION

Es wird deshalb wohl jedem Leser damit leicht verständlich werden, wenn ich sage, daß das »Lebendige Wort Gottes« auch niemals aus einer bestimmten, festen Religion hervorgehen kann, eine solche auch nie in sich trägt und auch nicht will! Christi Worte über eine »Kirche« hat man nicht in dem großen, rein geistigen Sinne erfaßt, sondern leider nur zu sehr verirdischt, damit eingeengt, den Sinn verstümmelt. –

44. SEKTEN UND IHR WIRKEN

FRAGE:

Was sagt Abd-ru-shin zu den verschiedenen Sekten und ihrem Wirken?

ANTWORT:

Fragen über verschiedene Sekten, wie z. B. über den »Bund der Kämpfer für Glaube und Wahrheit« sowie »Weiße Loge« und andere, beantworte ich *nicht,* da keine Zeit mehr zu nebensächlichen Dingen ist, die für das wirkliche Wohl und Wehe der Menschheit und für zu erwartende große Ereignisse vollständig bedeutungslos bleiben werden. Es kann nur *wichtigeren* Angelegenheiten Aufmerksamkeit gewidmet sein, die bei dem Ernste kommender Zeit dann als bestimmende Werte mithelfend bestehenbleiben, wozu die meisten heutigen Bestrebungen *nicht* gerechnet werden können, da sie schon den Anfang nicht zu überdauern vermögen; denn schonungslos wird mit allem Unechten aufgeräumt. Es ist nicht mehr nötig, sich darüber auszulassen. Alle Fragenden werden im Weltgeschehen eine Antwort finden, die sie nicht erwarten, welche aber deutlicher als Worte spricht!

Wenn einige Bestrebungen neue Gedanken meiner Gralsbotschaft aufnehmen und seit Jahren in ihrer Art als

44. SEKTEN UND IHR WIRKEN

»Eigenes« zu verarbeiten suchen, so verweise ich nur darauf, daß die ersten Hefte meiner Vorträge bereits im Jahre *1923* veröffentlicht worden sind. Das wird Ihnen so manches erklären. Lassen wir den Leuten das Vergnügen; denn es hat am Ende nicht Bestand.

Ich habe in der Botschaft »Im Lichte der Wahrheit« das niedergelegt, was die Menschheit braucht. Ob sie es aufnimmt oder ablehnt, wird nur ihr Nutzen oder Schaden sein.

45. BUDDHA

FRAGE:

Ist Buddha ein Gottgesandter?

ANTWORT:

Nein. Er war kein Gesandter, nicht einmal ein Geschaffener, sondern lediglich ein Entwickelter. Aber er hat es fertiggebracht, der falschgehenden Menschheit den Rükken zu kehren und sich nicht gleich den anderen zum Verstandessklaven zu machen. Er riß sich davon los und konnte aus diesem Grunde in der eigentlichen Entwicklung seines Geistes den normalen, für die Menschheit überhaupt gewollten Weg schreiten. Der irdische Verstand vermochte ihn nicht länger einzuengen in seine starken, grobstofflich-gebundenen Beschränkungen. Dadurch konnte er in der Entwicklung bis zur Schwelle des geistigen Reiches kommen.

Es war nur eine ganz natürliche Folge, daß die anderen Menschen in ihrer Einengung ihn dann als etwas Außenstehendes, Höheres ansahen. Sein in der weiteren, normalen Entwicklung entstehendes Wissen *mußte* ja einen gewaltigen Unterschied zwischen ihm und seinen Mitmenschen bemerkbar werden lassen. –

Buddha ging also den *normalen* Gang des Erdenmenschen. Seine Lehre, die Wiedergabe seines Wissens aber höher einzuschätzen als die Botschaft des Gottesgesandten Jesus von Nazareth, sie auch nur neben diese zu stellen, ist lediglich ein Zeichen absoluter Unwissenheit, ein klarer Ausdruck der allgemein herrschenden traurigen Beschränkung des Begriffsvermögens, an der nun einmal die gesamte Menschheit leidet und aus der sich gerade Buddha seinerzeit durch Abwendung davon gewaltsam riß, um den normalen Weg der geistigen Entwicklung zu wählen, den ihm die Schöpfung deutlich wies. Sein Beispiel wird aber von seinen Anhängern wie üblich nicht in *dem* Sinne erfaßt, wie er es tat und wie er es wollte, sondern in das Gegenteil gewandelt.

Es hat auch keinen Zweck, sich weiter darüber auszulassen. Die Tatsache an sich, daß auch solche, die Gelegenheit hatten, die Botschaft des Gottessohnes selbst kennenzulernen, sich trotzdem dem Buddhismus zuwenden, ist traurig genug, um die Begriffsunfähigkeit derartiger Menschengeister deutlich zu kennzeichnen und darzutun, daß sie die Gottesbotschaft nicht verstehen und deshalb auch meine Erklärungen und Hinweise aufzunehmen nicht fähig sind.

Es ist natürlich Voraussetzung, daß die hohe Weisheit mit ihrer Einfachheit in der Gottesbotschaft *»gefunden«* werden will, worauf der Gottessohn ja selbst deutlich hinweist mit den Worten: *»Suchet, so werdet Ihr finden!«* Es geht klar daraus hervor, daß der *nicht* finden wird, der nicht ernsthaft zu suchen vermag.

45. BUDDHA

Den europäischen Anhängern der Lehre Buddhas ist es aber deutlich erkennbar nicht möglich gewesen, in den Worten des Gottgesandten richtig zu suchen, da dessen Botschaft aus einer Höhe kommt, von der nur mit ganz besonderer, wirklich demutsvoller Einstellung empfangen werden kann. Es ist auch erklärlich, daß sie lächelnd über etwas hinweggehen, was sie nicht verstehen. Für die eingeengte Beschaffenheit *ihrer* Geister ist es daher wiederum bezeichnend, daß sie lediglich in dem, was ein Entwickelter verkündet, der weit niederer steht als ein Gottgesandter, suchen und finden können!

Sie vermögen nur in Niedererem Werte zu entdecken, weil dieses ihrer Einengung nähersteht. Für Höheres fehlt ihnen die Begriffsmöglichkeit. Es hilft deshalb bei ihnen auch kein Streiten und Erklären; denn sie könnten es doch nie erfassen.

In Buddhas Lehre ist die Bewegung von unten nach oben und hat ihre engere bestimmte Grenze. In der Botschaft eines Gottgesandten ist die Bewegung jedoch von oben nach unten und *unbegrenzt!* Es ist dem Menschengeiste deshalb ungewohnt. Er muß sich zum Begreifenkönnen mehr bemühen. Buddhas Lehre ist deshalb auch keine Botschaft, sondern es sind nur Erkenntnisse! Wie auch bei Mohammed. Beide schritten als Wegbereiter für das Licht den rechten Weg. Ihre Worte aber wurden durch ihre Anhänger falsch gedeutet und so weitergegeben.

Das bezeichnet auch in natürlicher Weise die geistige Stufe der betreffenden Anhänger, deren in ihrer Einengung so bedingte Begriffsmöglichkeit. Dazu kommt noch ein gewisser Fanatismus, der ebenso das untrügliche Zeichen eines nur beschränkten Teilwissens ist. Und gerade dieser Fanatismus engt wiederum den Horizont geistiger Aufnahmefähigkeit noch mehr ein, verdüstert sogar oft auch alles andere und bringt groteske Wirkungen hervor.

Wer alles das ruhig beobachtet, bis auf den Grund zurückgeht, muß schon selbst auf diese Folgerungen kommen. Als Ausgangspunkt findet er dann immer entweder geistige Beschränktheit und das damit verbundene Unvermögen des Begreifens, sagen wir Unfähigkeit echten Suchens, oder aber im Gegensatz dazu geistige Freiheit, die eine sich steigernde Aufnahme- und Aufstiegsfähigkeit besitzt, unbeengt von dem Menschheitsübel der Verstandesherrschaft.

An diesen beiden Grundsteinen kann er dann mit Leichtigkeit die falsche oder rechte Aufbauart nachprüfen und erkennen. Hauptsache dabei ist natürlich, daß auch er die Sonde *richtig* anzulegen weiß, ganz sachlich, unpersönlich, unvoreingenommen.

46. ANRUFUNG VON HEILIGEN

FRAGE:

Wie stellt sich Abd-ru-shin zu der Anrufung von Heiligen, hält er diese für Unrecht?

ANTWORT:

Anrufung ist ja nicht Anbetung! Deshalb ist die Anrufung geistiger Helfer und Führer an sich eine schöne Gepflogenheit, sobald sie in dem *rechten* Sinne geschieht. Es sind sehr viele Menschen jetzt, welche wissen, daß sie eine geistige Führung haben. Diese geistigen Führer, wenigstens die dem Erdenmenschen zunächststehenden, direktesten, sind aber noch lange nicht »Heilige« zu nennen.

Wohl ist es angebracht, daß der Menschengeist seinen Führern innig dankt; denn diese haben oft genug Mühe und Leid mit ihren Schützlingen, viel mehr als Freude. Für diese dornenvolle Tätigkeit der Führung ist ein Wort des Dankes immer angebracht. Auch eine Bitte hier und da um Hilfe ist nichts Unrechtes, solange man damit nicht in Anbetung verfällt, die Gott allein gebührt.

Der *höchste* Führungswille liegt für jeden Menschen in dem geistigen Reiche. Es folgt von dort aus abwärts eine ganze Kette ausführender Helfer. Der letzte dieser Helfer aber ist stets so beschaffen, daß er nur wenig höher als sein

46. ANRUFUNG VON HEILIGEN

Schützling steht, sonst könnte er mit diesem nicht fühlbar in Verbindung kommen. Es ist meistens ein solcher Menschengeist, welcher noch Fühlung mit der Erde hat; denn ist er schon zu hoch, so würde er vom Erdenmenschen nicht mehr »empfunden« werden können. Auch kann ein solcher Führer mit diesem noch mehr mitempfinden, bei allen seinen Regungen, kann ihn auch darin mehr begreifen. Und wenn sein Schützling betet, in ernsten Dingen, so wird er sich mit ihm in dem Gebet vereinigen, und seine Fürbitte hat für irdisches Leid mehr Kraft als die Fürbitte eines höheren Geistes, welcher das Erdenleid nicht mehr so stark nachempfinden kann, weil ihm dafür alles Begreifen verlorenging.

Nur *Empfindung* ist die maßgebende Kraft in dem Gebet, nicht Worte, die kraftlos verhallen wie der Klang im Winde. Die Worte dienen lediglich zu unserer Beihilfe seelischer Vertiefung in Empfindung, um die Richtung der Empfindung abzuklären und zu stützen. –

Der höchste Führerwille liegt also im Reiche des Geistigen und teilt sich dieser Kette aller Helfer mit, bis dann der unterste, dem Erdenmenschen nächste Helfer, dieses Wollen seinem Schützling klarzumachen sucht, mit Nutzbarmachung aller Vorzüge und Schwächen, die dieser besitzt und die nur der zunächststehende Führer durch Beobachten und Nachempfinden wissen kann. Dabei darf man nicht vergessen, daß des geführten *Menschen* Wollen immer ausschlaggebend ist, da er für sein Tun verantwortlich bleibt. Die Führung ist also nur eine Hilfe!

46. ANRUFUNG VON HEILIGEN

Die Tätigkeit der ganzen Führerkette nun, bis zu dem höchsten Führer in dem Geistigen, ist als Hilfe Menschendankes wert, auch wenn in Wechselwirkung bei der treuen Mühe in der Führung alle Führer selbst gewinnen. Ebenso können, sollen Bitten um getreue Beihilfe vom Erdenmenschen zu ihnen gesprochen sein. Es ist dies nicht zu Unrecht, sondern hat viel Segen. –

Wer aber ist als »heilig« anzusprechen? »Heilig« ist allein, was mit dem Göttlichen in *direktem* Zusammenhang steht, nichts anderes. Deshalb heißt es der »Heilige Geist« zum Unterschiede von dem Geistigen. Niemand kann heilig *werden,* der es nicht von Anfang an schon ist, da das Heiligsein wiederum mit der *Beschaffenheit* zusammenhängt, nicht aber ein Verdienst ist! Leider wird das Wort »heilig« vielfach ganz falsch angewendet. Es wird wohl kein Mensch, der es ernsthaft nimmt in seinen Überlegungen, seinem Denken und Empfinden, davon überzeugt sein können, daß eine Heiligmachung von Erdenmenschen ausgehen kann, daß dabei die Ansicht oder Überzeugung von Erdenmenschen überhaupt eine Rolle spielt!

Ich will die in manchen Kreisen eingeführten Gepflogenheiten hier nicht schelten, wenn sie in wirklich gutem Glauben gehandhabt werden; doch es muß ja schließlich bei allen solchen Gepflogenheiten auch hier und da einmal etwas durchdacht sein von denen, die es tun, damit sie wissen, *was* sie eigentlich tun. Denn wer nicht genau weiß, was er tut, dem kann sein Tun auch niemals rechten Nutzen bringen, da es ja dann nur leere Form, Schablone bleibt,

46. ANRUFUNG VON HEILIGEN

der wirkliches Leben fehlt. Und ohne Leben kann nie ein Gebet hinaufsteigen bis zu der Stelle, die Erfüllung bringt.

Doch jeder Mensch, der wirklich denkt, sich nicht aus Trägheit oder Feigheit davor drückt, wird schließlich selbst zu manchen Klärungen in sich gekommen sein. Gedankenlose, Oberflächliche aber würden auch durch die eingehendste Aufklärung nicht zum Verständnis und Begreifen kommen. Wer meine Gralsbotschaft *richtig* gelesen hat, trägt auch die Antwort auf die Fragen schon geklärt in sich, ohne daß ich besonders darauf hinweise. –

Doch eine Hilfe will ich noch geben, indem ich auf die Wiederinkarnierungen hinweise. Es ist dies allerdings etwas vorausgegriffen. Nur wenige werden schon so weit sein, um das Bild, das ich da entrolle, nicht sehr fremdartig zu empfinden. Darüber könnte ich schließlich gar nicht zürnen, weil der nötige Sprung von den bisherigen Anschauungen bis zu diesen Tatsachen doch etwas weit ist. Die innere Kraft, deren Ausdehnungsfähigkeit von der jeweiligen Seelenreife abhängt, kann bei aller Mühe kaum so weit reichen, wie zu der Erkenntnis nötig ist. Aus diesem Grunde will ich auch nur einen Zipfel lüften von dem wirklichen Geschehen, auf die Gefahr hin, daß es grotesk erscheint.

Doch wäre es zum großen Segen aller Menschheit, zur Erleichterung vielen Verstehens, wenn sie *gerade darin* einmal einen klaren Blick erhalten könnten. Es wirkt zwar in dem ersten Augenblicke stark ernüchternd, wie die Wahrheit immer, aber doch auch gleichzeitig erfrischend. Die ganzen Anschauungen, und damit das Erdenleben vieler

46. ANRUFUNG VON HEILIGEN

Menschen, würden sich dadurch sofort und völlig umgestalten zu gesundem Aufwärtsschreiten. Ohne Eindruck könnte es ja gar nicht bleiben, wenn ein Mensch ganz plötzlich *richtig* um sich blicken kann und sieht, daß alle die, von denen er aus der Vergangenheit durch die Geschichte manches Große, Schöne und auch Unschöne erfuhr, zum größten Teile wieder mit ihm auf der Erde leben, in Fleisch und Blut wie er, nur jetzt in anderer Gestalt. Ja, daß er selbst vielleicht einer von denen ist, die er in irgendeiner Art verehrt oder ... verachten mußte.

Doch alles das hat seine Zeit. Worüber er noch heute lächeln muß, das wird er in ganz kurzer Zeit für richtig und sogar für selbstverständlich halten. Deshalb sage ich ausdrücklich: ich greife heute mit dem kurzen Hinweis noch etwas zu weit vor.

Wenn ich z.B. jetzt sage, daß Schiller in dem »Wallenstein« sein eigenes Erleben schildert, daß er vorher schon einmal auf der Erde war als Wallenstein, und weiter zurück auch noch in verschiedenen Gestalten, so fordert das wohl lange Seelentätigkeit bis zum Vertrautwerden mit solchen Tatsachen!

Und wenn ich weiter sage, daß z.B. der berühmte Maler Raffael und auch Tizian unter den heute Lebenden sich befinden, die keine Ahnung von dem früheren Geschehen und dem seinerzeitigen Können haben, so muß das manchen doch wohl sonderbar berühren. Allein zu denken, daß ein Raffael in heutiger Gestalt bewundernd vor einem Gemälde steht, das er in früherem Erdenleben selbst geschaf-

46. ANRUFUNG VON HEILIGEN

fen hat. Das wirkt bei der Beschränkung des Erinnerns sogar komisch, humoristisch.

Und doch ist es weder ein Märchen noch Phantasterei. Auch wenn ich sage, daß Therese Neumann einst der Schächer an dem Kreuze war, der Christus lästerte, und *deshalb* in der Rückwirkung noch heute diese Wundmale zu tragen hat, bis die Erkenntnis in ihr davon kommt zur Ablösung der Schuld, so werden zwar nicht alle, doch sehr viele, wohl die meisten Menschen daran zweifeln, es als Phantasterei betrachten. Und doch ist es nicht zu lange mehr hin, daß man die Wahrheit darin wird erkennen *müssen!*

Nehmen wir nun an, daß auch die Jünger Christi, die ja ihren Meister oder dessen Botschaft seinerzeit nach seinen eigenen Erklärungen nicht richtig aufgenommen haben, nach dem Damals mehrfach wieder auf der Erde waren, in verschiedener Gestalt, zu einem großen Teile heute sogar wieder unter den Menschen sind, wohin muß dann ein Denkender in der Betrachtung kommen, namentlich wenn er auch Ursachen und Wirkungen zu diesem Wiederkommen nach und nach erkennt?

Es stürzt damit so manches bisherige Bild in nichts zusammen und öffnet Ausblick auf das freudige Erwachen einer neuen, großen Zeit des aufstrebenden Menschengeistes, der so viele alte, unnötige Fesseln sprengt und freien Blickes sicher in der Schöpfung seines Gottes steht, ihm darin endlich wissend dienend und damit auch in erster Linie … sich selbst! –

47. DAS VERHÄLTNIS DER GRALSBOTSCHAFT ZU ANDEREN LEHREN

FRAGE:

Will Abd-ru-shin nicht auch Erklärungen darüber bringen, wie die verschiedenen Bezeichnungen anderer Lehren, wie die der indischen Lehren, der Okkultisten, Spiritisten usw., seinen Bezeichnungen wie Feinstofflichkeit und anderem gegenüber zu vergleichen sind? Es würde sicher so mancher leichter den richtigen Begriff erfassen können.

ANTWORT:

Das wird *nicht* geschehen. Die Gralsbotschaft steht *lebend* für sich! Wer sie erfassen will, der muß zuerst einmal *alles* Bisherige hinter sich zurücklassen, ohne Ausnahme. Nur so wird er richtig verstehen lernen. Und *dann* vermag er selbst alles so klar zu überschauen, daß er von der Gralsbotschaft aus auch das Bisherige durchleuchten kann, wobei er sieht, was wahrhaft davon ist und was von Menschensinn dazuerklügelt wurde.

Er muß also erst in sich neu geboren sein, damit er unbelastet von alten Begriffen die neue Botschaft aufnehmen kann. Nur dieser Weg steht offen. Es fällt dabei von allem Alten ab, was unecht war, nur alles Echte bleibt. Jeder Vergleichsversuch muß scheitern an der Lebendigkeit des

47. DAS VERHÄLTNIS DER GRALSBOTSCHAFT ...

Wortes dieser Gralsbotschaft, die stärker ist als das durch Menschensinn Getrübte, jetzt Bestehende. Sie ist aber vollkommen eins mit *dem* Worte, das der Gottessohn Jesus von Nazareth brachte.

48. GRALSBOTSCHAFT UND JUDEN

FRAGE:

Gilt die Gralsbotschaft auch für Juden?

ANTWORT:

Die Botschaft gilt, wie einst die Botschaft Christi, für *alle Menschengeister,* die sich dafür öffnen! In diesem Sinne gibt es keine Schranken. Wer sich richtig geöffnet hat, ist gleichwertig mit allen anderen. Einen Unterschied bringt nur die jeweilige Stärke dieses Öffnens.

Christi Botschaft war damals auch nur *in erster Linie* an die Juden gerichtet, nicht etwa ausschließlich, weil diese nach der damaligen geistigen Entwicklung die größte Möglichkeit des Erfassenkönnens in sich trugen. Wechselwirkend konnte deshalb der Gottessohn nirgends anders inkarniert werden (Vortrag: »Vater, vergib ihnen; denn sie wissen nicht, was sie tun!«). Trotzdem galt die Botschaft der ganzen Menschheit. Die Juden sollten die Gottesbotschaft weitertragen an die anderen heranreifenden Völker.

Es sollte damit durchaus kein unbedingtes Judentum erzogen werden. Nicht etwa, daß ein sich der Wahrheit Öffnender damals hätte Jude werden müssen, um in das lichte Reich des Geistes, in das Gottesreich, eingehen zu können; denn nur der, welcher der *Wahrheit dient,* kann in das

48. GRALSBOTSCHAFT UND JUDEN

Reich des Lichtes eingehen! Die Religion an sich spielt dabei keine Rolle! Ebenso ist es auch heute wieder, bei allen, die sich jetzt der Wahrheit öffnen wollen.

Die nun durch die vielfachen Entstellungen der Gottesbotschaft durch Menschenklügelei erforderlich gewordene neue Gottesbotschaft durch den Menschensohn wendet sich diesmal auf Grund der unverschiebbaren Wechselwirkung an alle Menschen, gleichgiltig, welcher Nation und Religion, in denen der Wunsch nach Hohem, Reinem besteht; denn die Gottesbotschaft ist wiederum für die ganze Menschheit im Dies- und Jenseits bestimmt und soll hinausgetragen werden, wie einst bei den Juden die Botschaft des Gottessohnes.

Trotzdem kann gerade dadurch und jetzt auch für die Juden die Erlösung und Befreiung von dem Joche kommen, das sie sich durch damaliges Versagen auferlegten. Wenn sie es jedoch diesmal wiederum versäumen, dann ist es aus für immer. Nie wieder wird ihnen Gelegenheit dazu.

Doch es wird bald Großes auch unter den Juden geschehen, wie unter der ganzen Menschheit!

Für eine Botschaft aus der Wahrheit und demnach auch vor Gott zählt nicht ein Christentum noch Judentum als solches!

Die echte Gottesbotschaft kennt nur Menschengeister, welche mehr oder weniger entwickelt sind, also mehr oder weniger aufnahmefähig. Und *das* allein ist in der Wechselwirkung maßgebend, die in der Schöpfung lenkt. Und diese Wechselwirkung ist ein Teil des großen Gotteswillens selbst, so daß in Wirklichkeit also *dieser* durch die unbedingte Wechselwirkung in der Schöpfung lenkt, je nach Verdienst den Urhebern Lohn oder Strafe bringt.

49. MENSCHENSOHN ALS RICHTER

FRAGE:

Es heißt: »Wenn aber der Menschensohn kommen wird, zu richten ...« Ist der Menschensohn als Richter eingesetzt?

ANTWORT:

Gott allein darf richten! Der Menschensohn bringt nochmals sein »Wort«. *Und in dem Worte liegt dann das Gericht!* Wie diesmal ein Mensch das Wort aufnimmt, so richtet er sich selbst. Ein jeder einzelne hat noch einmal die freie Wahl durch Gottes Gnade. Allerdings zum *letzten Male*. Wie sich ein Mensch dazu verhält, ob ablehnend oder ob annehmend, so *ist* er dann gerichtet durch sich selbst, da damit auch die Scheidung sofort einsetzt. Abwarten ist Ablehnung; denn weiteres Zuwarten ist unmöglich. Unmöglich auch die Rückkehr vom gewählten Wege. Es gilt diesmal entweder ... oder! Und sofort! Das Zaudern, Kritisieren, Besserwissenwollen hat ein Ende.

Was nicht ganz unbedingt im Einklang mit dem neuen »Worte« steht, wird fallen! Ein Herüberziehen von Bestehendem ist ganz unmöglich, solange noch ein Stäubchen daran haftet, das Menschenklugheit schuf und das nicht übereinstimmt mit der Botschaft. Ganz unangetastet, unverstellt und unverbogen muß das »Wort« nun aufgenommen sein. »Verständigungen« gibt es *nicht* mit anderen Begriffen! Ebensowenig »Aussprache«; denn das Wort *»ist«!*

Wagt es der Mensch, mit einem Sprung sich auf den *neuen Grund* zu stellen, ohne Altes mitzunehmen, also das neue Wort als neue Grundlage seines von Altem unbeeinflußten Denkens und Empfindens vertrauend hinzunehmen, so wird er schnell von seinem neuen Standpunkt aus sich *alle Wege* öffnen sehen, die ihm bisher unklar oder verschlossen waren, und er erkennt dann auch, worin er bisher falsch gegangen war.

Er kann die Wahrheit in dem neuen Worte gar nicht anders finden, als daß er sich zuerst einmal bedingungslos auf seinen neuen Boden stellt! *Von außen herein kann er nicht.* Da halten ihn zu viele Wirrnisse zurück; er findet keinen Anschluß.

Zu diesem notwendigen Sprung gehört natürlich Kraftanstrengung, Überwindung, Mut. Wer das nicht kann, wird das Begreifen nie erlangen. Deshalb ergibt es sich von selbst, daß nur die *in sich Starken* zu dem Ziele kommen! Die, welche diesen Sprung zu tun *vermögen*. Alles Alte muß zurückgelassen werden; denn das *Richtige* aus allem Alten ist im neuen »Wort« sowieso enthalten, da dieses direkt aus der Wahrheit kommt.

Der notwendige Sprung ergibt, daß die Nachlässigen, Gleichgiltigen und Schwachen in dem Geiste von vornherein schon ausgeschaltet bleiben! Sie werden das ersehnte, notwendige *»Neuland«* nie erreichen, das den Suchenden verheißen ist und das *allein* die Rettung bieten kann als festen Grund, der niemals wankt und stürzt.

Niemals wird durch ein Sektenwesen oder Dogma das »lebendige Wort« zu prüfen sein! Doch umgekehrt: *Das lebendige Wort wird nun den untrüglichen, scharfen Prüfstein bilden für alles Bestehende!* Und *darin* ruht das unerbittliche Gericht, welches die Wege aller endlich scheidet.

Ganze Heerscharen von Menschengeistern, die sich heute gläubig dünken, in falscher Demut stolz sich Gottes Throne nahen wollen, werden in nichts zerstäubt, bevor sie an des Thrones Stufen kommen können! Sie dünken sich gerecht und achten nicht des Wortes, lächeln wohl sogar in ihrer Oberflächlichkeit und Einengung darüber, ahnungslos, daß sie darin dem Richtschwerte des Geistes gegenüberstehen!

Öffnet deshalb nun die Ohren Eures Geistes! Ihr werdet manches für Euch Wertvolle erlauschen und nicht sorglos noch auf Dinge warten, die schon im Begriffe sind, an Euch vorbeizugehen! – Erwachet, ehe es zu spät ist!

50. WAS IST WAHRHEIT?

FRAGE:

Was ist Wahrheit?

ANTWORT:

Wahrheit ist das Ewig-Unveränderliche! Das sich in seiner Form niemals verwandelt, sondern so ist, wie es schon ewig war und immer bleiben wird, wie es jetzt ist. Das deshalb auch nie einem Fortschritt unterworfen werden kann, weil es von Anfang an vollkommen war. Wahrheit ist *tatsächlich,* sie ist *»seiend«!* Seiend allein ist wahres Leben. Das ganze Weltall ist an diese Wahrheit »angelehnt«! –

Deshalb ist auch nur das, was aus der Wahrheit kommt, wirklich *lebend,* alles andere ist der Verwandlung unterworfen durch den Tod. Aus diesem Grunde wird nur das, was aus der Wahrheit kommt, allein bestehen bleiben und alles andere vergehen. Bestehen bleibt zuletzt allein das Wort des Herrn, das aus dem Lichte und der Wahrheit kommt und nur von Gottgesandten gebracht werden kann, die selbst im Lichte und der Wahrheit stehen, also in sich wirklich lebend sind! Kein Menschengeist, kein jenseitiger Geist ist in der Lage, dies zu tun. Er hat gar keine Möglichkeit dazu. Aus diesem Grunde kann von Menschensinn Erdachtes und von Menschengeist Erkanntes nie-

50. WAS IST WAHRHEIT?

mals wahres Leben in sich tragen. Es bleiben Theorien und Erkenntnisse, denen die Kraft lebender Wahrheit fehlt.

»Zum Leben erwecken durch das Wort« heißt: Zum Erkennen der Wahrheit erwecken! Wie man den Schlafenden zum Tag erwecken kann, so wird der geistig Tote zum Erkennen der Wahrheit durch das lebendige Wort erweckt. Gleichwie nun der vom Schlaf zum Tag Erweckte aber niemals der Tag selber werden kann, so wird auch der vom Geistestod zu der lebenden Wahrheit Auferweckte damit nicht gleichzeitig selbst das Leben! Ihm werden nur die Augen zur Erkenntnis dieses Lebens aufgetan. Er kann nie selbst zum Leben, zu der Wahrheit werden, sondern nur auf ihren Bahnen wandeln! *Er wird ein Auferweckter.*

Auch hierbei ist das Christuswort mit anzuwenden: »Laßt die Toten ihre Toten begraben!« Das heißt: Laßt die vielen Führer- und Lehrer-sein-wollenden Menschen weiterhin die Menschen belehren, welche durchaus auf sie hören wollen und sich damit systematisch dem lebendigen Worte verschließen. Laßt diese toten Führer mit ihren toten Worten die toten Hörer ruhig für immer begraben und sie damit ausschließen von der Möglichkeit einer Erweckung. Höret *Ihr* aber, die Ihr ernsthaft sucht, *nicht* auf diese!

Es sind damit nicht etwa nur die vielen Sekten und Vereinigungen gemeint, sondern auch die falschen Dogmen aller großen Religionen. Es ist zur Zeit keine Gemeinde, welche den wirklich *wahren* Weg befolgt. Über die auf rechter Bahn durch Menschenklugheit so vielfach ganz falsch angebrachten Wegweiser hilft weder Eifer noch Begeisterung hinweg. Wer ihnen traut, wird das Ziel auch bei der besten inneren Veranlagung niemals erreichen.

Was in dem damit Gesagten liegt, das wird ein jeder finden, der sich *redlich* darum *müht.* Doch es erfordert tiefes Nachdenken, selbstloses Forschen. Für schon Wissendsein-Wollende und für Oberflächlichkeit ist solches nicht!

51. WIE WAR ES VOR DER SCHÖPFUNG?

FRAGE:

Die Schöpfung hatte einen Anfang. Wie war es dann vor diesem Anfang? War da Gott ohne Ausstrahlung, ohne Tätigkeit?

ANTWORT:

Hilft Ihnen das Gefragte etwas zu Ihrem eigenen geistigen Aufstiege? Nein! Außerdem ist das eine Sache *außerhalb* der Schöpfung, wohin das Begriffsvermögen des Menschengeistes durch dessen Beschaffenheit nicht reicht. Als Kreatur ist ihm seine Grenze gegeben. Er muß stets *innerhalb der Schöpfung* verbleiben und sich bemühen, *diese* richtig zu erkennen! Da hat er gerade genug zu tun. Und ist er dadurch zuletzt bis hinauf in das Reich des Geistes gelangt, so verlor er mit dem Aufstiege auch das Bedürfnis, Dinge wissen zu wollen, deren Erfassen über sein Begriffsvermögen hinausgeht. In ehrfurchtsvoller Andacht empfindet er dann erst die Nähe des allmächtigen, gewaltigen Gottes!

Seien Sie also darüber unbesorgt. Je vollkommener Sie im Geiste werden, desto einsichtsvoller werden Sie auch über sich selbst. Damit fällt nach und nach der Dünkel der Beschränktheit ab, der heute vorwiegend den Menschengeist beherrscht. Sie werden immer demutsvoller gegenüber der

51. WIE WAR ES VOR DER SCHÖPFUNG?

Ihnen mehr und mehr zur Erkenntnis kommenden Größe Gottes.

Der Menschengeist kann froh sein, daß er damit auch seine jetzige groteske Einstellung vergißt, sonst müßte er sich darob ewig schämen. Lächerlich würde er sich im Rückblick vorkommen in dem jetzigen Dünkel. Diesem aus Unwissenheit erstehenden, wirklich kindischen Dünkel entspringt ja auch das Bestreben sogenannter kluger Köpfe, den Gottessohn Jesus von Nazareth unbedingt als einen aus der Menschheit heraus *nach oben zu entwickelten* Menschengeist hinzustellen. Sie fühlen sich noch groß in der Anerkennung, daß er ein besonders begnadeter, hervorragender Mensch gewesen sein soll, der sich bis zu der Höhe eines Propheten aufschwang.

Diese Klugen sind in Wirklichkeit doch so naiv, daß sie nicht auf den natürlichen Gedanken kommen, daß auch ein aus der Göttlichkeit zur Erde Kommender die Reife des ihm ungewohnten Körpers abwarten muß und daß er ebenso gezwungen ist, dieses irdische Werkzeug erst richtig gebrauchen zu lernen, bevor er seine Aufgabe beginnen kann. Er muß auch demnach das Gehirn erst richtig spielen lassen können, was alles einer gewissen uns bekannten Zeit bedarf, namentlich da ein so Gesandter nicht unter Medien zu rechnen ist – die unbewußt oft über den Zustand ihres eigenen Geistes hinausgehend wirken –, auch nicht unter die Inspirierten, zu denen viele große Künstler zählen. Sondern ein Gottgesandter wirkt *bewußt,* aus sich selbst heraus, da er die Quelle *in sich* trägt.

51. WIE WAR ES VOR DER SCHÖPFUNG?

Darin liegt auch in der Notwendigkeit der irdischen Entwicklung ein großer Unterschied, damit auch die Lösung der Begriffslosigkeit mancher Menschen dem Leben und dem Wirken des Gottgesandten gegenüber.

Und doch liegt wiederum darin deutlich erkennbar nur der ungeheure Größenwahn des unfertigen Menschengeistes, der sich einbildet, Qualitäten bis zu dem Höchsten hinauf entwicklungsfähig in sich zu tragen, also zu dem Höchsten alles Bestehenden zu gehören!

Er will unter keinen Umständen zugeben, daß es etwas gibt, was sich *nicht* von unten nach oben zu entwickelt hat, *sondern von oben kommt,* aus einer Höhe, die der Mensch nicht nur nie erreichen kann, sondern nicht einmal zu begreifen vermag. Darin liegt der so verwerfliche und verächtliche Dünkel des Menschengeistes, der solche Möglichkeiten gar nicht ernsthaft in Betracht ziehen will, weil es ihm nicht verständlich werden kann.

Darin aber den natürlichen Beweis zu finden, daß es eben eine Höhe ist, zu deren Erfassen ihm die Fähigkeit fehlt, fällt ihm nicht ein!

So klein ist er im Geiste!

Auch in Ihrer Frage liegt eine gewisse Kleinheit, da Sie danach annehmen, die Schöpfung sei nun *alles* außer Gott. Wie weit entfernt sind Sie damit von dem Begreifen der eigentlichen Größe Gottes!

Die Schöpfung, zu der der Menschengeist gehört, ist trotz ihrer gewaltigen Ausdehnung als Schöpfung wieder nur eins der Werke des lebendigen Gotteswillens. Als Werk

51. WIE WAR ES VOR DER SCHÖPFUNG?

auch begrenzt. Sie erscheint in der von dem Menschengeiste nicht zu erfassenden Unendlichkeit nur wie ein Stäubchen, nicht mehr als ein Stern in dieser Schöpfung!

Es schwingen neben *dieser* Schöpfung, der die Menschengeister zugehören, noch weitere, nicht minder gewaltige Schöpfungen ganz anderer Arten. Die dem Menschengeiste bekannte, zum Teil aber auch noch nicht richtig verstandene Schöpfungsgeschichte betrifft lediglich das Werden dieser *einen* Schöpfung ganz für sich, von der die Menschen bei dem Anblicke der zahllosen Gestirne den kleinsten Teil nur ahnen können. Die Geschichte betrifft nicht die Auswirkungen des großen Gotteswillens überhaupt!

Und diese Euch bekannte Schöpfung ist zwar in sich als ein Ganzes abgerundet, trägt aber in ihren eigenen Beschaffenheiten wiederum nur einen kleinen Teil zur *großen* Schöpfungsharmonie bei, bildet ein einzelnes Glied darin mit einer bestimmten Aufgabe, aus der heraus sich aber eine Erkrankung wie das jetzige Versagen des Menschengeistes in der All-Harmonie störend fühlbar macht. Deshalb muß nunmehr wieder Ordnung werden, auch um den Preis des Abschlagens eines so kranken Gliedes, wenn es nicht anders geht.

Versuchen Sie sich hineinzudenken, und Sie werden weiter nichts erreichen, als sich an den schwindelnden Kopf greifen zu müssen.

Es ist besser, wenn sich der Mensch jetzt endlich einmal zuerst mit sich selbst befassen lernt und mit allem dem, was *die* Schöpfung enthält, in der er sich befindet, zu der er gehört, die ihm allein zu seiner Entwicklung nützen kann und soll. Dann wird er nach und nach als *Menschengeist* vollkommen, womit auch der Wunsch aufhört, etwas anderes sein zu wollen als das, was er im besten Falle werden kann ... ein brauchbarer Menschengeist!

Als solcher fällt dann jede derartige Frage für ihn fort, weil er sich zuletzt endlich selbst erkennt! Und darin kommt die Demut, die ihm heute so sehr fehlt.

52. PRÜFUNG DES WORTES

FRAGE:

Abd-ru-shin verlangt, daß jeder Mensch das Wort prüfen soll. Ist denn aber jeder befähigt, Kritik zu üben?

ANTWORT:

Es klingt zwar sonderbar, ist aber leider Tatsache, daß der größte Teil der Menschen gar nicht weiß, was es bedeutet, wenn ich sage, das Wort soll von einem jeden scharf »geprüft« werden, damit er aus innerer Überzeugung danach leben kann.

Prüfen ist nicht kritisieren, sondern es ist etwas, was dem Menschen weit schwerer fällt: *inneres Nachempfinden!* Und hierin liegt die erste Klippe.

Vorurteilsfreies Nachempfinden kennt der Mensch nicht mehr, sondern er tritt an jede Sache mit seinem eigenen Päckchen Weisheit heran, um damit alles andere abzumessen. Diesen Fehler macht fast jeder einzelne. Am meisten aber sündigen darin Vereine und vor allen Dingen Zeitungsredaktionen in dem Wahne, daß sie irgend etwas sagen *müssen,* wenn ein Mitglied oder Leser fragt, trotzdem sie sehr oft keine Zeit haben, auf eine Frage ernstlich einzugehen.

Reicht nun das Päckchen Eigenwissen nicht aus dazu,

52. PRÜFUNG DES WORTES

wie es dem lebendigen Worte gegenüber nur natürlich ist, so wird einfach mehr oder weniger »geistreich-sein-sollend« gewitzelt und gespottet, teils wirklich in Beschränktheit überzeugt, teils um eigenes Unvermögen damit zu verdecken. Wer nun so bequem ist, auf derartige Erdenweisheit irgendwelchen Wert zu legen, sich danach richtet oder davon irritieren läßt, der wird ein Opfer dieser ihm verderblichen Bequemlichkeit, versäumt den Augenblick, an dem das Heil ihn streifte, geht verloren.

An denen aber, die ein solches Unheil leichtfertig verbreiten durch ihre »Geistesblitze«, die sie nur zu gern belehrend leuchten lassen, werden solche Opfer in dem Jenseits als Belastung hängen, so daß sie erst dann einmal zu einem Aufstieg kommen können, wenn *alle* Opfer ihren Weg zur Höhe noch gefunden haben, nicht vorher! Was das bedeutet, kann sich leicht ein jeder Suchende erklären.

An dieser Klippe der Bequemlichkeit, auf andere zu hören, die Meinung anderer erst einzuholen, scheitern wieder viele, genau wie an der Klippe eines Unvermögens *rechter* Prüfung.

Das *rechte* Prüfen, welches ich so vielfach forderte, bedingt von vornherein die Anspannung *eigener* Fähigkeiten, *eigener* Kraft! Und damit ist auch gleichzeitig in Wechselwirkung eng verbunden ... das Erwachen eines jeden einzelnen für sich. Der Segen der Bemühung folgt also sofort. Solches kann aber niemals geschehen, wenn jemand die Meinung anderer für sich zugrunde legt.

Das Prüfen, also ernste Nachempfinden, muß ein jeder

52. PRÜFUNG DES WORTES

Mensch *für sich allein* ganz still in seinem Innern abmachen. Er muß in sich *hineinhören,* muß lauschen, ob sich dort verwandte Klänge dafür melden, entgegen einer bisherigen Anschauung!

Ein Gottesruf ergeht an jeden Einzelmenschengeist direkt, da jeder auch für sich allein Verantwortung zu tragen hat für alles, was er denkt und tut! Darin liegt die Unmöglichkeit, daß sich Vereine bilden können dort, wo es sich um ein Wort der Wahrheit handelt, weil jeder dabei mit sich selbst fertig zu werden suchen muß! Er kann sich nicht an andere anlehnen oder sich von diesen Rat einholen.

Wer derartige Unselbständigkeiten zeigt, ist für *eigenes Leben* schon von vornherein verloren. Er braucht sich nicht erst zu bemühen, da er das Endziel doch niemals erreichen wird. Ob er nun jetzt sofort verlorengeht oder erst später, spielt für ihn keine große Rolle! Es wäre falsch, den also geistig Trägen unnötige Hoffnungen zu lassen, die sich doch nicht erfüllen.

Wer der Gralsbotschaft geistig nicht folgen kann, für den ist es besser, wenn er achtlos seine Straße weitergeht, als daß er seine Weisheitsblitze daran zeigen will; denn die Stunde bleibt nicht aus, wo er sich dann *zu spät* noch eines Besseren besinnen möchte, wobei jedoch jetzige kindische Überhebung einen Mühlstein bildet, der ihn niederhält. –

Die Gralsbotschaft faßt alle Menschen an dem schwächsten Punkte: ihrem durch Jahrtausende genährten Eigendünkel! Deshalb so viel Empfindlichkeit, vielfach spöttisches Lächeln, noch mehr Nachsicht im anscheinenden Erhabensein, aus dem der tiefste Ärger allzudeutlich spricht und das zuletzt doch alles nur gerade dafür zeugt, was die Gralsbotschaft von der Menschheit sagt. In allem Drehen, Winden, Wenden, Spotten, Eifern, Haß und Klugseinwollen zeigen sie dem denkenden Beobachter wie in dem klarsten Spiegel alles das als Tatsachen bestehend, was sie nicht anerkennen und befehden wollen! Der Kampf ist aber ganz vergebens! Schade um die dafür aufgebrachte Kraft; denn diese Wahrheit hält ganz unerbittlich fest und siegt. Das Sträuben und Sichwinden nützt den Menschen diesmal nichts.

Sie lähmen sich dabei nur selbst, und in der dabei kommenden Ermattung gehen sie in sich zugrunde oder müssen sich bequemen, einzulenken in die rechte Bahn. Schon jetzt sitzt es in vielen Seelen fest, zu deren Heil, auch wenn es sich vorerst nur in Unruhe bemerkbar macht, bis eines Tages die helle Flamme heiliger Erkenntnis durch die Schlacken bricht, die heute noch darüber lagern, trotz des Gegensatzes ihren Zweck erfüllend, indem sie alle Kraft des unter ihnen glimmenden Funkens durch den schweren Widerstand zu größter Stärke noch entwickeln. Also auch das Übel muß nunmehr dem Guten nutzbar werden. –

Alle, welche Gottes Ruf nicht mehr in sich empfinden können, werden fortgewiesen von der Türe des geistigen Reiches, sobald sie später Einlaß haben möchten. Sie müssen zurück in Nacht und Grauen gehen! Sie mögen sich von denen dann vergeblich Rat und Hilfe holen, deren Reden sie blindlings vertrauten, nur um sich selbst nicht geistig anstrengen zu müssen, sowie aus Furcht vor jederlei Verantwortung. Es kann ihnen nicht mehr geholfen sein; denn ihnen fehlt dadurch geistiges »Leben«. Sie gehören zu den Toten, die nicht mehr erwachen.

Wie könnten sie in Gottes Reich eingehen, da sie den Ruf zu hören sich verschlossen und dafür lieber vorzogen, an Bequemlichkeit religiöser Dogmen festzuhalten, die nicht die Mühe *eigener* geistiger Regsamkeit und des von Gott geforderten *Erwachens* verlangen! Derartige Selbstüberwindung ist nicht jedermanns Sache; denn sie verlangt die *ganze* Kraft, die der Mensch aufzubringen fähig ist, vor allen Dingen auch ein demutsvolleres Erkennen seiner selbst! –

53. DER VOM LICHT BERUFENE

FRAGE:

Ich hatte Gelegenheit zu sehen, wie die Gralsbotschaft in verschiedenen Städten von Lesern studiert wird, die sich in Kreise zusammengeschlossen haben. Dabei fiel mir die Verschiedenartigkeit auf, die darin herrscht. Während in dem einen Kreise viele Richtungen zu Worte kamen und dann mit der Gralsbotschaft Vergleiche gezogen wurden, legte der Redner eines anderen Kreises lediglich die Gralsbotschaft zugrunde und ließ nichts anderes gelten. Welcher von den beiden Leitern ist nun der für die Menschen Berufenere?

ANTWORT:

Es gibt vom Licht Berufene und von den Menschen Erwählte oder solche, die sich selbst als Berufene fühlen. Das ist ein großer Unterschied in der Auswirkung. Der von dem Licht Berufene dient Gott und kennt deshalb nur den Gotteswillen, der von Anfang an unabänderlich war, ist und bleiben wird und deshalb keinerlei Konzessionen zuläßt, keinerlei Möglichkeit zu Abweichungen gibt und dadurch streng wirkt. Er kann nichts anderes zu Worte kommen lassen als den Gotteswillen, welcher sich nicht biegen läßt.

53. DER VOM LICHT BERUFENE

Der von den Menschen Erwählte oder Sich-selbst-berufen-Fühlende jedoch dient in erster Linie den Menschen, macht diesen deshalb Konzessionen. Nimmt er es ernst, so sucht er ihre Wünsche nach und nach in einen Wunsch zu lenken, um sie so weit zu bringen, daß sie zuletzt nur noch den Gotteswillen gelten lassen wollen, wodurch sie fähig werden, auch den vom Licht Berufenen richtig zu verstehen. Sie werden dann in dessen Lehren keine Strenge mehr empfinden, sondern den geraden Weg erkennen.

Wo es nur einen Weg gibt, *muß* man ihn selbstverständlich gehen, wenn man zu dem Ziele kommen will. Es ist falsch zu sagen, daß viele Wege nach dem Lichte führen. Dahin führt *nur ein einziger,* der in unbedingter Erfüllung des göttlichen Willens liegt. Kein anderer. Und da der göttliche Wille *ganz bestimmt* gegeben ist, gibt es auch keine Kompromisse mit den Wünschen der Menschen. Verschieden für den Menschen ist lediglich *die Art, wie er diesen einen Weg geht,* welche Hilfsmittel er dabei verwendet, die sich nach seinen entwickelten persönlichen Fähigkeiten richten. Diese verschiedenen Arten des Gehens verändern jedoch den Weg nicht, noch weniger seine Richtung.

Falsch ist es auch, wenn man behauptet, daß derjenige, der den Menschen dient, damit auch Gott dient. Wie bekannt, vermag man nur *einem* Herrn zu dienen. Dagegen hilft aber der Berufene, welcher Gott dient, stets gleichzeitig den Menschen. Daß diese Hilfe nicht immer mit den Wünschen der Menschen übereinstimmen kann, ist selbst-

53. DER VOM LICHT BERUFENE

verständlich, da wahre Hilfe selten in der Wunscherfüllung liegt.

Diejenigen, welche den Menschen dienen, sind diesen natürlich willkommener, weil für sie bequemer. Aber sie sind die weitaus schwächeren. Die meisten davon werden immer Opfer ihrer Anhänger werden.

54. GRALSDIENST

FRAGE:

Was ist Gralsdienst?

ANTWORT:

Gralsdienst ist Erfüllung des göttlichen Willens, ohne Rücksichtnahme auf Menschenwillen und Menschenwünsche. –

Der Begriff »Gralsdienst« darf nicht willkürlich erweitert werden. Ein Anhänger der Gralsbotschaft steht nicht auch gleichzeitig in dem Gralsdienste; denn er zieht lediglich für sich persönlich Nutzanwendungen aus der Botschaft, um den Weg zum Licht zu finden und zu gehen. Dadurch kommt er in das Reich Gottes, ohne von einem Gralsdienste dabei sprechen zu können.

Der Gralsdienst selbst verlangt weit mehr. Es steht zwar vielen Menschengeistern der Weg dazu offen, aber nur wenigen ist es zuletzt beschieden, dieses Ziel wirklich zu erreichen. Selbst für die schon in dem geistigen Reiche weilenden Menschengeister ist die Gralsburg noch so weit entrückt, wie es irdisch nicht gedacht werden kann. Allein das »Sich-selbst-Aufgeben« *richtig* zu erfassen ist ein Schritt, den viele Menschengeister wohl getan zu haben glauben, aber ... es lebt dies nur in ihrer Einbildung. Das Sich-selbst-Aufgeben ist durchaus kein Sichauflösen oder in ein orien-

54. GRALSDIENST

talisch gedachtes, traumhaftes Nirwana treten, sondern es ist die stärkste sich-selbst-vollbewußte Regsamkeit, die man sich denken kann, der höchste Grad *persönlicher* Betätigung. Etwas ganz, ganz anderes, als es sich die bequemen Menschengeister vorstellen. Der Zustand geht weit über das jetzige menschliche Begreifen. Von allem bisher darüber Gedachten kann man ungefähr das gerade Gegenteil annehmen, um das Richtige zu treffen. Die Leser sollen sich aber begnügen, den Weg zum Licht zu finden und aufsteigen zu können. Das ist schon die ersehnte Seligkeit, das Höchste, wonach der wirklich gute Mensch trachten kann. Es ist die Krone des menschlichen Lebens.

55. ANTHROPOSOPHIE

FRAGE:

Geht Anthroposophie den rechten Weg? Viele davon wollen über die Gralsbotschaft streiten.

ANTWORT:

Die Anhänger einer jeden Sekte sind von deren Richtigkeit und namentlich ihrer eigenen Weisheit überzeugt. Sie lesen und hören alles andere nur in dieser einseitigen Überzeugung, suchen also nicht mehr und können deshalb auch nichts finden. Sie sind dadurch blind geworden und taub. Selbst die klarste Wahrheit würden sie nur als eine gewollte Gehässigkeit ansehen und verwerfen, sobald sie nicht mit ihren eigenen Weisheiten übereinstimmt.

Ich bin deshalb froh, daß ich derartige Fragen wie die Ihre nicht zu beantworten brauche, da wir schon jetzt in *die* Zeit eingetreten sind, in der ein jeder Mensch nun bald an sich *erleben* wird, ob er den rechten Weg beschritten hat oder ob er es nur vermeint, und woher ihm die Hilfe *allein* kommen kann. Auf *diese* Art und nicht durch Worte werden die falschen Propheten bloßgestellt und stürzen. Also bleiben Sie ruhig noch die kurze Zeit beobachtend. *Bald* finden Sie ein untrügliches Urteil selbst. Auch über die Anthroposophie.

55. ANTHROPOSOPHIE

Lassen Sie also die Menschen ruhig über die Gralsbotschaft streiten. In blindem Zorn will mancher Eiferer sogar Widersprüche in der Botschaft finden, gerade dort, wo die logischste Sachlichkeit am deutlichsten sich zeigt. Geht aber ein ernster Leser derartigen von Gegnern behaupteten Widersprüchen auf den Grund, so sieht er bald, daß diese Widerspruchsbehauptungen nur eine Widerspiegelung des Unvermögens eines Verständnisses bei dem betreffenden Angreifenden gewesen sind oder ein Zeugnis dafür, wie dieser sich in Unsinnigkeiten eigener Anschauung verrannt hat, von denen er in trotziger Verbissenheit nicht lassen will. So entschleiern sich bei näherem Zuschauen die Angriffe nur in Zeugnisse geistiger Armut solcher Menschen, die ihre Weisheit damit leuchten lassen wollen. In den meisten Fällen haben diese die *ganze* Botschaft überhaupt nicht gelesen, sondern bellen einfach darauflos, nachdem sie nur einen flüchtigen Einblick in Einzelteile genommen haben, als Ausdruck der Angst und Sorge darüber, daß ihre bisher gedachte Größe Einbuße erleiden könnte durch einen, der es besser weiß.

Einige gehen in dieser Lächerlichkeit sogar so weit, behaupten zu wollen, daß die Botschaft überhaupt nichts Neues enthalte. Nun, hierüber ist nicht einmal eine Antwort nötig. Ich denke, gerade diese Behauptung trägt in sich schon die richtige Beurteilung der Betreffenden, die erkennen läßt, daß ihnen jede Verstehensmöglichkeit vollkommen abgeht und sie dem eigentlichen Inhalte der Botschaft in ihrer Aufnahmefähigkeit gar nicht gewachsen sind. Diese sollen ruhig weiterhin leichteren Verbindungen angehören.

Aber es nützt ihnen kein Angriff, kein Hohn, kein Spott ... sie alle werden unter den Trümmern ihres falschen Wissenwollens begraben und zu ihrem Glücke schnell vergessen sein, während die Botschaft bestehen bleibt.

56. ANTWORT AUF ANFEINDUNGEN

FRAGE:

Will Abd-ru-shin nicht auf die vielseitigen Anfeindungen antworten? Ich als Fragender weiß zufällig selbst in vielen Dingen, daß es ihm leicht sein würde, die gegen ihn gerichteten Speere umzukehren.

ANTWORT:

Mein Wort ist mir selbst zu wertvoll, als daß ich es für solche Dinge verschwenden würde. Auch habe ich es gar nicht nötig, da die Antworten darauf von ganz anderer Seite kommen werden. Seien Sie ganz ruhig, es bleibt nichts unbeantwortet, auch nicht das Kleinste. In einer Art, die wohl der ganzen Menschheit als dauernde Lehre dienen wird. Ich brauche dazu nichts beizutragen.

Und was die vielen »Ansichten« und Meinungen betrifft oder gar Kundgebungen von sogenannten Rassenforschern und Schriftdeutern, die Sie mir beilegten, welche ausgerechnet in mir einen reinrassigen Juden erkennen wollen, so konnten diese wohl kein besseres Zeugnis für ihre Unfähigkeit in ihrem »Wissen« ablegen, als gerade das; denn es gibt nicht viel urdeutschere und sogenannte christlichere Familien weit zurückgreifend, als die, aus der ich komme. Aber das würde für mich gar keine Rolle ge-

56. ANTWORT AUF ANFEINDUNGEN

spielt haben, der ich nur *Menschen* kenne und nicht nach Rassen, Nationen oder Religionen urteile. Das ist zu kleinlich und des wahren Menschen unwürdig. Glauben diese Leute, einst mit nationalen Farben und Nationalhymnen in das Reich Gottes einziehen zu dürfen? Nein, solche Beschränktheiten können mich zu einer Antwort nicht veranlassen.

Es ist aber auch Mode geworden, daß man in gewissen Kreisen so manches, was eine Gefahr für eigene Wünsche oder Ideen werden könnte, einfach gewissenlos als eine projüdische Bestrebung hinzustellen sucht, um so viele fernzuhalten, sich damit zu beschäftigen und in billigem Selbstschutze nicht an Grund und Boden zu verlieren, sondern um eigene Zwecke mit nicht gerade lobenswerten Mitteln dabei fördern zu können.

Wie einseitig sind überdies die Rassenforscher, die lediglich nach dem Äußeren, nach der Grobstofflichkeit zu urteilen versuchen, während der eigentliche Mensch *der Geist ist,* als *allein maßgebend.* Und dieser Geist ist älter als der jetzige und frühere Erdenkörper. Nehmen wir es einmal rein irdisch: Ein guter Mensch wird immer derselbe sein, auch wenn er seine Kleider mehrfach wechselt. Er ist im Wochentagskleide genau derselbe, der er im Sonntagskleide ist. Nicht anders ist es bei dem Geiste, dem eigentlichen Menschen.

Mich ekelt, wenn ich über diese Unsinnigkeiten nachdenke. Und worauf beruht der ganze Stolz, die ganze Einbildung, die sich so viele den Juden gegenüber anma-

56. ANTWORT AUF ANFEINDUNGEN

ßen, unter denen es Menschen gibt, denen man viel lieber freundschaftlich die Hände drücken möchte als seinen Mitchristen? Worauf gründet sich das Christentum überhaupt? Nur auf das Judentum! Das Christentum hat nur jüdische Propheten des Alten Testaments zu verzeichnen, nicht andere. Die Zehn Gebote kamen nur durch einen Juden. Die Jünger waren Juden.

Die Zukunft wird so manches bringen, über das sich die heutigen Spötter ihrer jetzigen Ansicht und ihres jetzigen Wissens werden schämen müssen. Es wird manche Stunde für sie kommen, in der sie wünschten, geschwiegen zu haben, anstatt sich in ihrer armseligen Dünkelhaftigkeit aufzublähen. Es ist verheißen, daß alles neu werden muß! Auf diese Erfüllung freuen sich so viele. Gibt es aber eine furchtbarere Verurteilung als gerade diese Verheißung? Liegt darin nicht die Tatsache, daß alles, alles falsch ist, wenn alles neu, also anders werden soll, um endlich richtig zu sein? Und in dieser Zeit stehen wir jetzt! Es gibt tatsächlich nichts mehr, was nicht von Grund aus falsch ist, von allem, was die Menschen sich erdachten und schufen. Ein größerer Beweis dafür als der jetzige Tiefgang und die jetzige trostlose Verworrenheit ist wohl nicht nötig.

57. UNSCHÖNE GEDANKEN

FRAGE:

Ich versuche nach der Gralsbotschaft zu leben. Oft aber drängen sich mir unschöne Gedanken auf, die ich gar nicht will. Ich will sogar oft das Gegenteil. Die unschönen Gedanken drängen sich aber dann um so ärger auf und dröhnen förmlich in den Ohren. Darunter habe ich viel zu leiden; denn es quält mich, und ich möchte verzagen bei der Frage, wie das alles kommt, ob ich vielleicht im Inneren schlecht bin.

ANTWORT:

Sie schreiben ja selbst, daß Sie jeweils nur anders *denken* als Sie wollen. Demnach muß Ihr Inneres besser sein als Ihre zeitweisen Gedanken. Sicherlich werden Sie auch dabei stets *so handeln,* wie Sie es *wollen,* nicht wie Ihre Gedanken sind. Es sind überdies nur wenige Menschen, denen es nicht so ergeht. Darüber brauchen Sie sich nicht zu beunruhigen. Derartige Gedanken, mit denen das eigene Wollen nicht übereinstimmt, haben wenig Kraft. Die Formen, die damit geschaffen werden, zerflattern sehr schnell wieder, ohne Schaden anrichten zu können. Vorausgesetzt natürlich, daß Sie ihnen nicht immer wieder neue Kraft zuführen durch zu viel Nachgrübeln darüber. Schenken Sie diesen

57. UNSCHÖNE GEDANKEN

unerwünschten Gedanken weniger Beachtung, dann werden sie bald von selbst wegbleiben. Sonst aber hilft ein inniges, kurzes Gebet.

58. WARUM FINDEN VIELE NICHTS IN DER GRALSBOTSCHAFT?

FRAGE:

Wie ist es möglich, daß so viele Menschen in der Gralsbotschaft nichts finden können, während sie mir mit der Bibel alles ist?

ANTWORT:

Das werden vorwiegend Sektierer sein, nicht aber in sich noch freie Menschen. Wer sagt, daß die Gralsbotschaft leicht ist oder nichts Neues bietet, der kennt sie nicht, hat nichts aus ihr geschöpft, auch wenn er sie gelesen hat, kurz, gerade er hat sie nicht begriffen. *Sie war für ihn zu schwer,* und *deshalb* findet er sie leicht. Damit ist eigentlich alles gesagt! Ein solcher Mensch kann sich aber damit trösten, daß die Botschaft auch nicht für ihn bestimmt ist. Wem sie nichts gibt, der hat damit gerade das empfangen, was er verdiente. Es gehört ja zu der Sichtung. Die späteren Erfahrungen werden es deutlich zeigen.

59. STRAFT GOTT?

FRAGE:

Warum straft Gott manchmal so hart?

ANTWORT:

Gott straft überhaupt nicht! Er droht auch nicht und lockt auch nicht. Das alles sind falsche menschliche Anschauungen. Auch die Zehn Gebote, die durch Moses gegeben wurden, sind lediglich ein Wegweiser dazu, wie der Mensch zu glückseligem Leben kommen kann. Strafen verhängt nur der Mensch in seiner gesellschaftlichen Ordnung. Wie alles durch ihn Erdachte aber leider in falscher Weise, unvollkommen, mit noch viel unvollkommenerer Ausübung. Das Wort Strafe hat überhaupt nur der Mensch aus sich selbst heraus erdacht in seiner beschränkten Auffassung.

Nehmen wir ein Beispiel ziemlich irdischer Art, damit es leichter verständlich ist: Ein Geschäftsmann hat sich mit einem anderen verbunden. Ein Freund von ihm ist weitsichtiger als er und hat bessere Menschenkenntnis. Von dem Geschäftsmann aufgrund verschiedener Geschäftsschwierigkeiten befragt, warnt dieser Freund und gibt den Rat, so schnell als möglich die Geschäftsverbindung zu lösen, da der Mitbeteiligte üble Absichten hegt und schonungs-

59. STRAFT GOTT?

los seinen Vorteil zu Ungunsten des Geschäftsmannes verfolgen will. Der Freund sagte dem Geschäftsmanne kurz und klar, daß dieser bei Nichtbefolgen seines Rates große Verluste erleiden würde. Der Geschäftsmann befolgte jedoch diesen Rat *nicht,* da er noch keine Anzeichen für die Wahrheit der Befürchtungen des Freundes erkennen konnte.

Erst einige Jahre später erfüllten sich die Warnungen dieses Freundes. Der Geschäftsmann erlitt große Verluste durch seinen Mitbeteiligten, der in äußerst geschickter Weise einen vorher wohlüberlegten Plan zum Schaden des anderen hatte durchführen können. Der Geschäftsmann nannte es nun Strafe dafür, daß er nicht auf die Warnungen seines Freundes gehört hatte, und suchte diese Strafe als eine Züchtigung dafür aufzufassen.

So stellen sich die Menschen dem Lichte gegenüber ein. Es gehen ihnen von dort viele Warnungen rechtzeitig zu, durch deren Befolgen sie sich vor so manchem Übel bewahren können. Nun bilden sie sich aber ein, daß es eine Strafe Gottes ist, wenn sie das selbstverschuldete Übel trifft, das durch Nicht-hören-Wollen oder Ungehorsam sich auswirken mußte. Sie dünken sich noch wer weiß wie groß, wenn sie diese »Strafe« mit Geduld ertragen, und erwarten dafür von Gott besondere Belohnung, sei es auch nur in der Empfindung inneren Gehobenseins durch ihre Bravheit.

Das ist alles Selbstbetrug und Lüge; denn Gott straft sie nicht damit, sondern sie haben sich in ihrer Hartnäckigkeit das Übel selbst geschaffen. Vom Licht aus kann beob-

59. STRAFT GOTT?

achtet werden, wenn ein Mensch oder die ganze Menschheit einen falschen Weg einschlägt, der doch unbedingt zu einem ganz bestimmten Ende führen muß. Dieses Ende, das der Mensch manchmal nicht sehen kann, oder viel besser, nicht sehen will, wird vom Lichte aus genau erkannt. Der Mensch oder die Menschheit wird gewarnt. Wenn sie darauf nicht hören und ihren Weg starrköpfig weitergehen, so ist es natürlich, daß sie zu einer bestimmten Zeit an dieses Ende kommen müssen. Dieses Ende wird aber nicht als Strafe von dem Licht aus herbeigeführt, sondern es stand mit der Wahl der Straße durch die Menschen schon bereit, und das Licht hatte sich nur bemüht, die Menschen davon abzuhalten, sie auf eine andere Bahn zu führen, wo das üble Ende umgangen wurde und dafür ein frohes Ende wartete.

Gott straft also nicht, sondern der Mensch führt alles selbst herbei, wenn er sich nicht warnen lassen will. Darum ist es großer Frevel zu sagen: »Gott, wie strafst Du hart!« und auch falsch zu klagen: »Wie kann Gott so etwas zulassen!«

60. GEIST UND SEELE

FRAGE:

Was sagt Abd-ru-shin auf die Behauptungen, daß Geist und Seele nebeneinander in dem Menschen wohnen?

ANTWORT:

Wer das behauptet, hat von der Schöpfung keine Ahnung. Geist ist der Ursprung, der Kern und das Endziel des Menschen. Geist ist er selbst ohne andersartige Hülle. Seele ist dieser selbe Geist mit einer oder einigen andersartigen Hüllen umgeben, aber ohne die grobstoffliche Hülle, den Erdenkörper. Seele muß also den Geist selbst mit in sich tragen als den eigentlichen, lebendigen Menschen. Sobald der Geist die feinstofflichen und wesenhaften Hüllen nach und nach abgestreift hat, wobei er immer höher und höher steigt, steht er zuletzt als Menschengeist nur noch in einer leichten geistigen Hülle und kann dann so in das Reich des Geistigen, in das Paradies. Darüber kommen noch eingehendere Erklärungen.

61. WAS SIND VERLEUMDER?

FRAGE:

Was sind Verleumder?

ANTWORT:

Menschen, welche Tatsachen geschickt entstellen, um diesen zum Schaden anderer Personen einen falschen Sinn zu geben. Diejenigen, welche neue Geschichten ersinnen und zu gleichem Zwecke verbreiten, sind nicht Verleumder, sondern Lügner. Nach göttlichen Gesetzen ist das eine wie das andere gleich verwerflich. Sie gehören zu den versuchten oder ausgeführten moralischen Morden, bei denen das Karma ebenso schwer ist wie bei grobstofflichem, ausgeführtem Morde, in den meisten Fällen sogar noch schwerer, weil Seelenwunden anhaltender sind, namentlich da in vielen Fällen auch andere Personen in Mitleidenschaft gezogen werden. Es ist überdies *jede* versuchte oder ausgeführte moralische Schädigung, gleichviel ob begründet oder unbegründet, karmisch schwer zu sühnen. Das dürfte leicht verständlich sein, da eine derartige Tat an sich stets auch einen unsauberen Charakter voraussetzt; denn ein reiner oder nur vornehmer Charakter würde es nicht ausführen und derartige Gedanken aus gesundem Abscheu weit von sich weisen. Die Unsauberkeit wird also in solchen

61. WAS SIND VERLEUMDER?

Dingen naturgemäß immer auf der ausführenden Seite sein, die sich dadurch automatisch als solche kennzeichnet.

62. ABD-RU-SHINS STELLUNGNAHME ZU BESTEHENDEN VEREINIGUNGEN

FRAGE:

Warum weist es Abd-ru-shin zurück, sich mit bestehenden Vereinigungen zu verbinden? Es wäre doch in vielen Fällen leicht, eine Einigung zu schaffen. Im Aufwärtsstreben sollte man sich gegenseitig die Hand reichen und gemeinsam wirken, wodurch weit eher das hohe Ziel erreicht wird.

ANTWORT:

Ich bin nicht da, um die Menschen aus ihren selbstgeschaffenen Irrtümern erklärend oder mit ihnen streitend und argumentierend herauszuführen, sondern ich *bringe eine Botschaft,* an die sich die Menschen halten können, um aus ihren Irrtümern herauszukommen. »Einigungen« gibt es dabei nicht, sondern allein: »entweder – oder!« Es gibt auch kein Zusammenwirken, sondern höchstens ein Nachfolgen. Wer sich das klarzumachen unfähig ist, der lasse auch die Gralsbotschaft ruhig zur Seite; denn ihm würde sie nichts nützen. Wer sie nicht als ein Gottesgeschenk betrachtet, wird sie niemals verstehen. Für den ist sie auch nicht. Ich suche keinen einzigen Menschen zu »überreden«. Habe auch *nicht* die Absicht, eine »Vereinigung« oder Gemeinde zu gründen und von deren Jahresbeiträgen zu leben.

Deshalb bleibe ich unabhängig und denke nicht daran, alle die von den Menschen aufgestellten, zum Teil ganz unsinnigen Behauptungen zu studieren, um sie dann immer und immer wieder mühevoll argumentierend zu widerlegen. Das wäre meiner Ansicht nach der lächerlichen Arroganz so mancher Menschen zu viel Ehre angetan.

Gott zeigt die Wahrheit, *wie sie ist* in seiner Schöpfung. Sie steht mitten in dem heillosen und gefährlichen Wirrwarr, den die Menschheit angerichtet hat. Die Wahrheit als solche zu erkennen und anzunehmen ist lediglich Sache der Menschen, die alle Kräfte anzustrengen haben, dieses kostbarste Gut für sich zu gewinnen, ohne das sie rettungslos verloren sind. Der *Mensch* muß *alles* darum tun; denn Gott läuft ihm nicht nach, erniedrigt sich niemals zu eines Menschen Knecht! Das ist es aber, was der Mensch bisher in seiner sonderbaren Einstellung erwartet. *Er* fordert stets Beweise! Bemühe *er* sich doch, die Wahrheit zu erkennen! Es ist ja nur *sein* Vorteil ganz allein. Und der, der wirklich ehrlich sucht, sich also *redlich* darum müht, *wird* die Erkenntnis finden!

Dazu gehört jedoch für allen Anfang unerläßlich *jene* Demut, die sich selbst erkennt. Und das ist ungefähr das Bitterste für einen Menschen der heutigen Zeit. Schon daran wird er scheitern; denn das vermag er nicht, das *will er nicht!* Und deshalb zwingt er das Gericht herbei. Man sehe nur den Menschen an, wie er durchs Erdensein stolziert, behängt mit allem Tand irdischer Eitelkeit! Wo soll da Platz für Demut sein?

62. ABD-RU-SHINS STELLUNGNAHME ...

Zuletzt bildet er sich noch ein, daß der jetzt eingesetzte Kampf des Lichtes gegen alles Dunkel nur um seinetwillen vor sich geht! Aber der große Kampf geht *nicht um ihn* persönlich. Der Aufstieg, der für ihn dabei ermöglicht wird, ist nur eine Folge davon. Versäumt er es, diese letzte Gelegenheit mit aller seiner Kraft zu nützen, will er den Ruf nicht hören, so bleibt er in dem selbstgeschaffenen Sumpfe stecken und erstickt. Es wird nicht Trauer um ihn sein!

Mit dem belastet, was der Menschensinn erschuf, wird er niemals den rechten Weg erkennen.

Ich aber gehe meinen Weg in der von mir erkannten Erfüllung meiner Aufgabe allein. Es braucht mir ja niemand zu folgen, der nicht freiwillig sich dazu bereit erklärt. Ich denke doch, daß meine Sprache stets deutlich genug ist. Ein Kompromiß, sei er auch noch so leicht und einfach, ist bei mir nach jeder Richtung hin vollkommen ausgeschlossen. Verbindungen mit den Vereinigungen, Sekten, Kirchen kommen niemals in Betracht, sie sind von Gott auch nicht gekannt; denn unter Tempel Gottes, Kirche, Dom ist etwas anderes, weit Größeres gemeint als eine Organisation auf Erden! –

63. IRDISCH-PRAKTISCHE RATSCHLÄGE

FRAGE:

Warum spricht Abd-ru-shin in seinen Vorträgen nicht auch einmal über praktisch-irdische Dinge?

ANTWORT:

Die Menschen haben das, was ich bis jetzt sagte, nötiger, wie in nun kurzer Zeit offenbar werden wird. Ich richte mich nicht nach deren Wünschen. Das überlasse ich allen denen, die um des »Geschäftes willen« schreiben.

64. GRALSBOTSCHAFT SPRENGT SEKTEN

FRAGE:

Ich kann sagen, daß ich in meinem Suchen mit menschenmöglichem Ernste und mit Sachlichkeit nacheinander die einzelnen Gebiete im Okkultismus durchgegangen bin, mit Eifer die Theosophie und später die Anthroposophie studierte.

Überall fand ich Schönes und Wahres, Förderndes, aber die Krone brachte mir erst die Gralsbotschaft durch ihre Klarheit und vor allem ihre einfachen Folgerungen. Was ich an Gutem bei allen anderen gefunden hatte, fand ich in der Gralsbotschaft alles wieder. Ich hatte bisher überall nur zusammenhanglose Stückwerke erhalten, nun aber sah ich etwas Ganzes, Übersichtliches in verständlicher Reihenfolge, die mir ein klares Bild gab und dadurch erst die Sicherheit meines Wissens. Alle bisherigen Einzelteile wurden durch die richtigen Bindungen und Ausfüllen der bisher bestehenden Lücken zu einem Körper und lebendig.

Darüber sprach ich nun mit mir von früher her bekannten Theosophen und Anthroposophen, aber keiner davon wollte mich verstehen. Sie sahen trotz des vielen Neuen, bisher noch von niemand Ausgesprochenen, in der Gralsbotschaft nichts Neues. Die einfache Klarheit empfanden sie als Minderwertigkeit. Was ist da zu machen?

Die Menschen müssen doch wissen, daß man mit Ein-

64. GRALSBOTSCHAFT SPRENGT SEKTEN

zelstücken nicht viel anfangen kann, auch wenn diese noch so gut sind, und daß nur der der Meister sein muß, der uns das Zusammensetzen zeigt und damit die Gesamtverwendung, wie es in der Gralsbotschaft ist. Seit der reinen Christuslehre habe ich solche Klarheit und Tiefe noch nicht wieder gefunden.

ANTWORT:

Was bedürfen Sie noch einer Antwort? Sie geben sich diese in der Frage selbst. Lassen Sie die Leute doch ruhig ihrer Wege gehen. Für diese ist die Botschaft nicht! Überdies wurde die Gralsbotschaft nicht zusammengesetzt, sondern sie ist für sich allein vollkommen selbständig, unabhängig. Darüber habe ich schon mehrfach berichtet.

Sie stehen auch mit Ihrem Briefe nicht allein; denn es sind verschiedene gleichen Sinnes eingetroffen, die sogar ähnliche Worte führen. Sie haben mit dem Erlebten nur die Bestätigung, daß die Botschaft zum Verständnis größeren Ernst und Fleiß erfordert, als oberflächliche Menschen denken, und daß sie immer nur allein und direkt zur *Einzelseele* spricht, ihr *das* gebend, *was sie gerade für sich selbst* zum Aufstieg braucht.

In dieser schemalosen Lebendigkeit muß sie natürlich jede Sekte sprengen und wird so für deren Bestehen zu einer großen Gefahr, weil sie selbständige, *in sich selbst freie* Menschen bildet, die allem Sektiererwesen Feind sein müssen. Es ist ahnender Selbsterhaltungstrieb, wenn sich

64. GRALSBOTSCHAFT SPRENGT SEKTEN

Organisationen, Vereinigungen und Sekten der Botschaft ignorierend, spöttelnd, herabsetzend oder feindlich entgegenstellen.

Diese aber »ist« und »bleibt«, wenn alles andere zerfällt, und läßt sich durch nichts auf ihrem Wege aufhalten, den sogar ein jeder Angriff fördern *muß*.

65. WAS IST ERNSTES SUCHEN?

FRAGE:

Was ist ernstes Suchen?

ANTWORT:

Es ist gerade alles das *nicht,* was man heute damit bezeichnet! Wer ernsthaft, also *ehrlich* nach der Wahrheit sucht, muß sich innerlich erst einmal völlig reinigen, das heißt leermachen von allem bisher Gelernten und Gelesenen, es vollkommen zur Seite schieben, auch jegliche Personen ausschalten, und dann still in sich das »Wort« durchempfinden, wie ein Kind, welches vor etwas Neuem steht. Nicht umsonst findet der Mensch bei Kindern oft die untrüglichste Beurteilung von Dingen und Menschen, weil diese allem unvoreingenommen und harmlos gegenübertreten.

Es klingt dies leicht, ist aber das schwerste für den heutigen Menschen. Es gibt für ihn kein größeres Hindernis als gerade dies. Und da ich das *ernste* Suchen *als Grundbedingung* für die Aufnahmemöglichkeit des eigentlichen Inhaltes der Gralsbotschaft verlange, so stelle ich damit die größte Forderung an den Menschen, die überhaupt an ihn gestellt werden kann. Dadurch schließe ich auch gleichzeitig alle auf eigenes Wissen Eingebildeten von vornherein ganz bestimmt aus. Eine Sichtung, bei der nur der Demütige die Palme der wahren Erkenntnis erhalten kann in folgerichtiger Wechselwirkung, während die anderen leer ausgehen.

Dies alles *verstandesmäßig* zu erkennen, ist erst mit einigen Ausnahmen dem *neuen Geschlechte* vorbehalten, welches die jetzige Zeit überleben wird; denn erst der gereinigte Verstand, der von allen Schlacken jetziger Verirrung und Eitelkeiten durch Erleben *gewaltsam* gesäubert wurde, bringt die dazugehörende unbeeinflußte Erfassungsmöglichkeit!

Dieses *neue Geschlecht* ist aber nicht erst in Jahrhunderten zu erwarten, sondern es lebt bereits und wird nur dadurch neu, weil dessen Zugehörige verschiedenen Alters *geläutert* aus den Rädern und Steinen der Mühlen hervorgehen, die jetzt bereits zu mahlen beginnen, während alle anderen darin zerrieben werden.

Ein derart ernsthaft Suchender wird nicht Vereinigungen suchen, sich keinen Sekten anschließen und auch nicht das Bedürfnis zu Zusammenschlüssen haben. Er verarbeitet alles in sich allein, da ihm ein anderer dabei nicht zu helfen vermag. Nur *so* wird es in ihm lebendig und sein Eigentum, das er mit anderen nicht teilen kann. –

66. MINDERWERTIGKEITSGEFÜHLE

FRAGE:

Ich habe eine vielleicht etwas sonderbare Frage, hoffe aber, eine Antwort zu erhalten, da so viele Menschen davon sprechen und, wie ich beobachten konnte, sich sehr oft damit abquälen und davon bedrückt werden: Was sind eigentlich Minderwertigkeitsgefühle?

ANTWORT:

Weil diese Frage Allgemeininteresse hat, soll sie an dieser Stelle beantwortet werden. Minderwertigkeitskomplexe, wie es so schön heißt, kommen dort vor, wo sich der Geist nicht frei entfalten kann. Es ist sogar in vielen Fällen ein Beweis dafür, daß ein solcher Mensch geistig stärker ist, als er sich zeigen kann, deshalb leidet er unter dem Drucke einer ihm unbekannten Hemmung. Lesen Sie meinen Aufsatz »Das Blutgeheimnis«. Daraus können Sie manches ersehen, was gerade diese Frage betrifft.

Aber es gibt auch noch eine andere Ursache dafür, bei der wenig zu helfen ist: das ist die Trägheit des Geistes! Der Mensch könnte sich schon selbst dazu aufraffen, den Druck abzuwerfen, wenn er nur wollte. Aber er ist zu bequem dazu und möchte, daß es andere tun. Außerdem fühlt er sich mit der Zeit in seiner Schaustellung im Grunde genom-

66. MINDERWERTIGKEITSGEFÜHLE

men ganz wohl, und es würde ihm etwas fehlen, wenn der Druck von ihm weichen wollte. Er will bedauert werden, heischt zwar vielerorten um Rat und Hilfe, würde dem aber wenig danken, der ihn wirklich von dem gewohnten Drucke befreien könnte.

Der ersten Art ist unbedingt zu helfen, der zweiten aber nicht, weil sie es selbst in Wirklichkeit nicht will.

67. DER REINE TOR

FRAGE:

Sooft ich auch schon die Oper »Parsifal« gesehen und gehört habe, so bleibt in mir doch immer eine Unsicherheit zurück über den Begriff »der reine Tor«. Wenn ich darüber einmal volle Klarheit hätte, würde wohl der Eindruck noch weit stärker sein.

ANTWORT:

In meinen Vorträgen über die urgeistigen Ebenen habe ich auch darüber schon gesprochen.

Bei jedem *gründlich* denkenden Menschen muß die gezeigte Figur »der reine Tor« eine Unsicherheit hervorrufen. Diese Unsicherheit entsteht, weil der Ausdruck wie die ganze Zeichnung der Figur ein Irrtum ist, den ich in meinen Vorträgen begründe.

Es würde in dieser Beantwortung zu weit führen, deshalb begnüge ich mich mit dem Hinweis, daß Parzival »*das* reine Tor« ist, aber nicht »der reine Tor«. Darin liegt alles, und das Wissen davon wird Ihnen auch mit einem anderen Begriffe die Ruhe geben. Parzival ist in Wirklichkeit der Mittler zur Schöpfung, also auch zu den Menschen, und ist das Tor der Wahrheit und des Lebens für alle Schöpfungen nach unten zu.

68. RÖNTGENAUGEN

FRAGE:

Schon oft las ich in Zeitungen von Menschen mit Röntgenaugen. Über den Vorgang konnte ich nie klar werden, habe auch nie Gelegenheit gehabt, darüber Genaueres zu hören, aber ich kann mir vorstellen, daß ein Mensch, der wirklich eine solche Fähigkeit besitzt, viel feiner empfindend sein wird als irgendein angefertigtes Instrument. Ist es möglich, darüber eine eingehende Aufklärung zu erhalten?

ANTWORT:

Die Tatsache solcher Fähigkeiten ist durch die Zeitungen schon sehr bekannt und wird auch nicht mehr bestritten, weil sie nicht gut wegzuleugnen geht. Es haben sich damit auch Ärzte schon befaßt, um dieses an sich noch geheimnisvoll erscheinende Vorkommen zu ergründen und dann zur Hilfe für die Menschheit zu verwenden.

Die Forschungen haben jedoch noch keinen genügend festen Boden erhalten, um als feststehendes Wissen betrachtet und verwendet zu werden. Und dieser feste Boden in bisher üblichem Sinne der Wissenschaft wird darin auch niemals geschaffen werden können; denn diese an sich schon sehr seltenen Fähigkeiten sind bei den einzelnen Menschen

68. RÖNTGENAUGEN

so verschiedener Arten, daß sie gar nicht einheitlich betrachtet werden können.

Wenn Sie fünf Menschen zusammenbringen, die solcherart begabt sind, so werden Sie finden, daß jeder einzelne davon in einer für sich alleinstehenden Art wirkt, mehr oder weniger klar und durchaus nicht immer dasselbe »sehend« wie die anderen. Da spricht zu sehr die jeweilige Eigenart des Begabten mit, wie auch sein Bildungsgrad die Ausdrucksweise formt und sogar das »Sehen« stark beeinträchtigt.

Je weniger ein solcher Mensch sich durch Studium bestimmte Kenntnisse erworben hat, desto unbeeinflußter, also sicherer und klarer wird er eine derartige Gabe verwenden können, sonst schieben sich ihm ganz unbewußt erworbene Anschauungsformen mit dazwischen, die das tatsächliche Krankheitsbild dann anders erscheinen lassen.

Nach der anderen Seite hin aber kann es vorkommen, daß ein durch Erlerntes unbeeinflußter Mensch das Krankheitsbild wohl richtig und unverbogen sieht, aber sich nicht so auszudrücken vermag, um es richtig wiederzugeben.

Beides hat also Nachteile, die eine *genaue* Wiedergabe oft verhindern und dadurch sogar Gefahren bringen können, wenn man sich bedenkenlos derartigen Dingen überläßt.

Das beste ist, wenn hierbei Fähigkeit und Wissenschaft zusammenwirken, natürlich nicht in einer Person. Wenn also ein Arzt einem derartig befähigten Menschen zur Seite steht, dessen Schilderungen des Krankheitsbildes er mit der

68. RÖNTGENAUGEN

Zeit genau verstehen lernt, und dann sein Wissen und seine Erfahrungen beifügt in der Durchführung der Hilfe.

Dadurch kann ein sehr segensreiches Wirken daraus erstehen. Ohne sorgfältige Nachprüfung eines durch Fähigkeit »gesehenen« Krankheitsbildes ist es aber nicht anzuraten, sich ohne weiteres bedingungslos darauf zu verlassen.

Wie überall gibt es natürlich auch hierin Ausnahmen, die jedoch sehr selten sind. Man möchte diese Ausnahmen besonders starker Fähigkeiten nicht nur Begabte, sondern vielmehr Begnadete nennen. Diese werden aber nie versäumen, die Hinzuziehung eines Arztes anzuraten, der das geschaute Krankheitsbild bei seinem Wirken mit in Betracht zieht.

Falsch wäre es natürlich auch von einem Arzte, derartige außergewöhnliche Hilfen aus irgendeinem Vorurteile heraus abzulehnen. Das wird aber ein Arzt, der »von innen heraus« Arzt ist und den Menschen in erster Linie *helfen* will, niemals tun.

Nun kommt noch etwas hinzu:

Solche Befähigungen oder Gaben können bei den Menschen auftauchen und nach einiger Zeit einfach wieder verschwinden! Das hängt, wie so vieles, eng zusammen mit der Verschiebung der Blutzusammensetzung; denn nur eine ganz bestimmte Ausstrahlung des Blutes führt das »Schauen mit dem Geistesauge« herbei, wie man die plötzlich erscheinende Fähigkeit der Röntgenaugen nennen kann.

Sogenannte Röntgenaugen sind nicht die Augen des Erdenkörpers, sondern es sind, bildlich ausgedrückt, die Augen der Seele, die erst einen Weg gebahnt erhalten müssen, um solche Dinge schauen zu *können*. Und dazu dient die Ausstrahlung einer ganz bestimmten Art der Blutzusammensetzung, die sich bilden und dann auch wieder einmal verändern kann. Damit ersteht und verschwindet gleichzeitig die so oft bestaunte Fähigkeit. Darin liegt auch die eigentliche Erklärung!

Es ist ja doch genug bekannt, daß auch ganz bedeutende Medien plötzlich ihre hervorragenden Fähigkeiten verlieren, oder daß diese geschwächt werden, ohne daß bisher ein Grund dafür gefunden wurde.

Wo dies vorkommt, hat sich lediglich die Zusammensetzung des Blutes irgendwie verändert und damit auch dessen Ausstrahlung. Und in der Art der Blutausstrahlung ganz allein ruht *jede* mediale Fähigkeit, deren Verschiedenheiten wiederum durch die verschiedenartigen Brücken kommen, welche die jeweiligen Blutausstrahlungen bilden.

Der Schlüssel zu allen diesen Dingen ist also das Blut! Es ist aber nicht nur *eine* ganz bestimmte Blutzusammensetzung als mediale Fähigkeiten bringend zu nennen, sondern es besteht lediglich eine bestimmte *Grundart* mit vielen Abzweigungen, die feinste, vielleicht manchmal kaum erkennbare Unterschiede haben.

Es wird noch einmal ein ganz besonderes, aber für die Menschheitshilfe bedeutendes Wissen werden, das Wissen von den Wirkungen der Blutausstrahlungen und das Wissen von der Möglichkeit einer gewollten Veränderung die-

68. RÖNTGENAUGEN

ser Ausstrahlungen. *Darin liegt alles Irdische für den Menschen!* Seine körperliche Gesundheit und volle Entfaltung seines Geistes auf Erden. Es ist die *wichtigste* irdische Hilfe, welche gegeben werden kann, die alles umfaßt und Glück und Frieden in sich birgt.

Heute kann mit Recht von dem so oft gebrauchten Ausdrucke »vergiftetes Blut« gesprochen werden; denn es ist tatsächlich auch der Fall, nur anders, als es sich die Menschen dabei denken.

Die Brücke zu allem, so auch zu den überragenden Fähigkeiten, ist also die Ausstrahlung des Blutes! Ich muß darin noch viele Wege zeigen, um ein ganzes Bild zu schaffen von der ungeheuren Bedeutung dieses bisher unerkannten Arbeitsfeldes, das sich nun bald öffnen wird *den* Menschen, die bemüht sind, um des Helfens willen die bisherigen Geheimnisse der Schöpfung zu erforschen, um dann wirklich *dienend* sich in neuem Wissen zu betätigen, nicht aber, um sich einen »Namen« damit zu erringen.

Auf eins möchte ich dabei noch besonders hinweisen: Mit dem sogenannten Auge der Seele wird in den meisten Fällen die feinere Strahlung der Krankheit erkannt, nicht nur die körperlich sichtbare. Diese letztere, die dem Arzte sichtbar wird, also dem körperlichen Auge, spielt dabei nur eine Nebenrolle, wenn sie überhaupt gesehen wird. Aber gerade diese *feinere* Art der Schauung ist das wertvollere und wichtigere; denn sie erkennt damit den *Herd einer Krankheit,* den eigentlichen Ausgangspunkt, der wie alles andere in feinen Strahlungen besteht und die dem

68. RÖNTGENAUGEN

Erdenauge sichtbar werdenden Auswirkungen erst hervorruft.

Darin liegt der Vorzug und die größere Bedeutung der Benutzung solcher »Schauungen«, und wenn einem derart Begnadeten dazu noch gegeben ist, ebenfalls wieder durch Ausstrahlung seines Blutes Verbindung suchend auch »empfinden« zu können, was in diesem oder jenem Falle zur Heilung dienen kann oder doch wenigstens zur Linderung verhilft, so ist das eine Gnade, die kaum abzuschätzen ist und tatsächlich Wunder wirken kann.

Da aber die meisten Menschen von heute immer nur ihren Vorteil zu suchen gewöhnt sind und dementsprechend auch alles bei anderen so betrachten, da viele von ihren Nebenmenschen immer nur das Schlechteste annehmen, was allerdings nur ein Widerhall des *eigenen* Inneren ist und es ihnen unmöglich macht, an ideal denkende Menschen zu glauben, so ziehen sich also Begabte scheu zurück, weil ihnen selbst die Gabe dieses Helfenkönnens viel zu heilig ist, ihr Wollen viel zu rein, um es Beschmutzungen auszusetzen.

Dagegen ist es aber auch nicht anzunehmen, daß ein Wirken solcher Art völlig umsonst gegeben werden soll; denn nicht jeder derartig Begabte ist gleichzeitig auch mit Gütern so gesegnet, daß er sich ohne Gegenleistung solche Hilfen dauernd leisten kann. Andere Ansichten darüber sind krankhaft, ungerecht und anmaßend.

Daß es aber auch Menschen gibt, die, solche vielversprechenden Gebiete ausnützend, unsaubere Geschäfte darin

68. RÖNTGENAUGEN

zu machen suchen, also für Bezahlungen nicht den rechten Gegenwert geben oder vielleicht auch gar keinen, deshalb darf man das Echte nicht herabziehen. Wo ist überhaupt ein Gebiet menschlicher Betätigung, auf dem derartige Auswüchse nicht vorhanden sind? Da sucht man wohl vergebens.

Aus allen diesen Beweggründen heraus ist es verständlich, daß sich so mancher wirklich Begnadete, der großen Segen bringen könnte, mit seinen Fähigkeiten zurückhält und die Hilfe den Menschen nicht zukommen läßt.

Doch in der Frage liegt sicherlich, wenn auch nicht direkt ausgesprochen, noch der Wunsch zu hören, ob es empfehlenswert ist, derartige Fähigkeiten zu benützen, wenn sich Gelegenheit dazu bietet.

Wenn es in einer Weise aufgenommen wird, wie ich bereits erklärte, so ist es ohne Zweifel anzuraten; denn es gibt doch jedem Menschen große Beruhigung, einmal von solcher Seite aus zu wissen, wie der Zustand seines Körpers ist. So manches ist dabei gefunden worden, was sehr nötig war zu wissen, und so manches Übel konnte dadurch schon im Anfange ganz leicht behoben werden, was sich späterhin vielleicht sehr schädlich hätte auswirken können.

Es ist hierbei wie bei vielen Dingen im Menschenleben. Oft geht der Mensch an Gelegenheiten vorüber, ohne sie für sich zu nützen, und sehnt sich später danach zurück, wenn er sie nicht mehr hat. Wie ein unbestimmter Druck bleibt der Gedanke auf ihm lasten, etwas versäumt zu haben.

69. DIE VERSUCHUNG DES GOTTESSOHNES JESUS IN DER WÜSTE

FRAGE:

Ich habe oft darüber nachgedacht, worin bei dem Erleben des Gottessohnes Jesus in der Wüste die eigentliche Versuchung durch den Widersacher liegt. Ich bin dabei zu keinem rechten Begreifen gekommen. Kann mir Abd-ru-shin darin einen Lichtblick geben?

ANTWORT:

Es ist gut, daß diese Frage einmal gestellt wird; denn es ist noch nie ausführlich darüber gesprochen worden. Wahrscheinlich wurde auch der richtige Sinn der damaligen Versuchung noch nie gefunden, weil der Mensch auch darin wie in allen geistigen Dingen viel zu oberflächlich blieb. Allerdings setzt das richtige Verstehenkönnen die Kenntnis meiner Botschaft voraus. Ich will versuchen, nun einen tieferen Einblick zu gewähren:

Jesus ging in die Wüste, um in deren Einsamkeit den notwendigen Durchbruch seiner Erkenntnis der eigenen Gottabstammung zu fördern und zu erleichtern, was für die Erfüllung seines Wirkens unerläßlich war.

Das Ahnen der damit verbundenen Kraft erfüllte ihn nach und nach mit großem Drängen und wollte sich aus-

69. DIE VERSUCHUNG DES GOTTESSOHNES ...

wirken, ohne daß er sich dessen schon voll bewußt werden konnte. Nur wenige Tage hätten noch gefehlt, und auch das Wissen seines Könnens in grobstofflicher Auswirkung hätte in voller Klarheit vor ihm gelegen.

Dann würde es aber für den Versucher zu spät gewesen sein, Jesus zu etwas veranlassen zu wollen, was dessen Wirken von vornherein einen Schaden bringen mußte.

Wie immer, so erfaßte der Versucher auch hierbei geschickt einen Zeitpunkt, der für seine Absichten günstig war. Das konnte in diesem Falle nur die Zeit des Überganges sein zwischen dem Empfinden der hervordringenden Gotteskraft und deren bewußter Anwendung im Lichte der Gottweisheit, die gleichzeitig zum Durchbruch drängte.

Die Weisheit kennt die unverbiegbaren Gesetze, die der Gotteswille in die Schöpfung legte, aus denen heraus die Schöpfung erst erstand und auch erhalten wird.

Der Widersacher *kannte* die Gesetze und baute darauf seinen Plan. Er wählte ganz geschickt den Augenblick, da Jesus sich seiner Aufgabe und seiner Herkunft immer stärker bewußt wurde, aber noch kein ganz klares Erkennen hatte, während es also noch in ihm gärend wogte. Das war die einzige Gelegenheit und Möglichkeit, Fallstricke zu legen, die ihn zu einer seine zukünftige Aufgabe schädigenden Unbesonnenheit hätten verleiten können, die sein Auftreten vor den Menschen von vornherein für eine lange Zeit wirkungslos gemacht, mindestens aber stark abgeschwächt hätten.

69. DIE VERSUCHUNG DES GOTTESSOHNES ...

So fand er auch schnell den für diesen Angriff empfänglichsten Punkt, der in der unsagbaren Liebe des Gottessohnes zu den Menschen lag. Jesus wollte ja der Menschheit mit offenen Armen freudig helfend entgegengehen, da er die Verkörperung der Gottesliebe auf Erden war.

So schmeichelte der Versucher: »Bist Du Gottes Sohn, so mach, daß diese Steine Brot werden!« Daran schloß sich der tiefere Sinn, daß die Menschen ihm dann zujubeln würden, um sich willig seinem Worte zu öffnen, das er ihnen bringen wollte zur Erlösung in dem Wissen. Jesus hätte damit gleich bei seinem Auftreten die Menschen für sich gewonnen und leichteres Wirken gehabt.

Darin lag die Lockung! Es war in der Tat ein lockendes Ziel für die im Wort helfenwollende Liebe, die natürlich das Bestreben in sich trug, so schnell und auch so durchgreifend wie möglich wirken zu können.

Würde es nun in dieser Art ausführbar gewesen sein, so wäre von einer Versuchung keine Rede, sondern das Ganze hätte sich als eine Hilfe zu schnellerer Durchführung des Wirkens des Gottessohnes gezeigt, was durchaus nicht im Sinne des Widersachers lag.

Die Versuchung wurzelte darin, Jesus zu etwas zu veranlassen, was ihm nicht möglich war und wodurch er die Menschen enttäuscht hätte! Das konnte aber nur zu einer Zeit geschehen, da Jesus noch nicht »fertig zu seinem irdischen Wirken« war, da er in sich wohl die übermächtige Kraft zur Wunderwirkung bereits empfand, auch seine Gottabstammung ahnte, aber sich noch nicht zu den für

69. DIE VERSUCHUNG DES GOTTESSOHNES ...

bewußtes Wirken notwendigen Erkenntnissen durchgerungen hatte. Dadurch vermochte er auch noch nicht die durch den Gotteswillen in die Schöpfung festgelegten, selbstarbeitenden Gesetze zu überschauen, in die er seine Macht legen konnte und ... mußte, weil diese aus Gottvater durch den göttlichen Willen fließen und vollkommen sind, deshalb nicht verbogen werden können.

Jesus hätte aus dem Grunde niemals aus den Steinen Brot werden lassen können, weil diese Möglichkeit in den Schöpfungsgesetzen nicht vorhanden ist, ebensowenig konnte er sich von der höchsten Zinne des Tempels herabfallen lassen, ohne daß sein Erdenkörper dabei beschädigt worden wäre.

Die Versuchung lag also darin, daß der Widersacher Jesus zu etwas reizen wollte, was ihm mißlingen mußte, damit er so von vornherein den Glauben an seine Sendung bei den Menschen untergrub.

Der Versucher kannte die Schöpfungsgesetze, kannte das begrenzte Denken der Erdenmenschen, was ja heute noch weit verbreitet ist in dem Wahne, daß der vollkommene Gott in seiner Allmacht Willkürakte ausführen würde, die seinen eigenen vollkommenen Gesetzen in der Schöpfung entgegenstehen!

Dies alles ausnützend zu einer Zeit, da das Selbsterkennen in Jesus bereits bis zum Durchbruch gereift war und drängend in ihm wogte, aber noch nicht in Klarheit vor ihm lag, wollte er mit seinen Einflüsterungen dem Wirken des Gottessohnes schon im voraus einen schweren Schlag

69. DIE VERSUCHUNG DES GOTTESSOHNES ...

versetzen oder es ganz unmöglich machen, wobei er die damals noch ungestüme Liebe und den Helferdrang zum geeigneten Boden wählte und noch mehr anspornte. *Darin* lag für Jesus in seinem Werden die Versuchung, die darauf angelegt war, das ganze Hilfswerk schon vor Beginn schwer zu erschüttern.

Gerade dadurch aber angeregt, brach in dem gleichen Augenblicke auch das *Wissen* bei dem Gottessohne durch, und er wies den Versucher ab.

Nun ist es eigentlich sonderbar, daß verschiedene christlich-religiöse Verbindungen es als höchsten Glauben betrachten, die Vollkommenheit Gottes wie auch seine Allmacht *darin* zu sehen, einfach *alles* tun zu können, ohne sich an seine eigenen Schöpfungsgesetze zu halten, in denen seine Allmacht liegt, so auch ohne weiteres anzunehmen, daß Jesus als Gottessohn aus Steinen hätte Brot werden lassen können.

Gerade damit aber, daß sie diese Zumutung des Widersachers als eine »*Versuchung*« bezeichnen und auch anerkennen, beweisen sie eigentlich selbst die Richtigkeit meiner Erklärung der Schöpfungsgesetze in meiner Botschaft! Denn wäre ihr Glaube, daß Jesus als Gottessohn dies hätte tun können, richtig, so würde der Vorschlag des Widersachers keine »*Versuchung*« gewesen sein, sondern eine tatsächliche große *Hilfe*.

Eine Versuchung aber soll immer Schaden bringen, wie es ja auch tatsächlich von dem Widersacher beabsichtigt war. Diesen Vorgang also als eine Versuchung gelten lassen zu wollen und gleichzeitig den bedingungslosen Wunderglauben zu lehren, darin liegt ein Widerspruch, der nicht zu überbrücken ist und deutlich zeigt, daß diesen Lehren wirkliches Wissen vollkommen fehlt und daß sie mit einer grenzenlosen Oberflächlichkeit behandelt werden.

So zeigen sich die Lücken bisheriger Belehrungen religiöser Institutionen in tausenderlei Dingen und bringen schon bei flüchtiger Beleuchtung selbsttätig vieles haltlose Nichtwissen an den Tag.

70. GIBT ES EINE »VORSEHUNG«?

FRAGE:

Gibt es eine »Vorsehung« oder wurde die Lehre von einer solchen nur aus dem Bestreben geboren, zagenden Menschen den Gang durch das Erdenleben zu erleichtern?

ANTWORT:

Vorsehung ist nichts anderes als Wechselwirkung, auf deren scharf vorgezeichneten Bahnen Helfer stehen, die *den* Menschen Hilfen geben, welche ihre Bahnen richtig gehen. Darin liegt auch Vorherbestimmung eines Erdenweges. Vorsehung ist eigentlich *Nachwirkung* früherer Entschlüsse im Erleben! Der Mensch aber, der kurzsichtig nur an *ein* Erdenleben glauben will, nennt diese schöpfungsgesetzmäßigen Nachwirkungen aus diesem Grunde Vorsehung, meint damit aber eigentlich nur die Einwirkungen der auf diesen Wegen für gutwollende Menschen bereitstehenden Helfer, weshalb sehr oft von einer »gütigen Vorsehung« gesprochen wird.

Es ist also durchaus nicht falsch, wenn das Wort »Vorsehung« gebraucht wird, solange die Menschen sich kein falsches Bild davon machen. In Wirklichkeit ist aber die sogenannte Vorsehung nur ein Teil des Eigentlichen.

71. DIE AUSWEISUNG AUS DEM PARADIESE

FRAGE:

Wie erfolgte eigentlich die Ausweisung aus dem Paradiese?

ANTWORT:

Vor dieser Beantwortung muß ich eine Gegenfrage stellen: Betrifft die Frage den Gang der natürlichen Schöpfungsentwicklung oder den Vorgang in Verbindung mit dem »Sündenfall«? Denn das sind zweierlei ganz verschiedene Dinge, die in keinerlei Zusammenhang stehen.

Der Einfachheit halber will ich *beides* beantworten. Nehmen wir dabei zuerst den Gang der Schöpfungsentwickelung. Dabei handelt es sich um den Ausgang der unbewußten Menschengeistkeime von der Grenze des sogenannten Paradieses, um vollbewußt wieder dahin zurückkehren zu können.

Das ist ein ganz natürlicher Vorgang, der eigentlich besser mit dem Ausdrucke »Ausstoßung« bezeichnet wird. Noch deutlicher gibt es das Wort »Abstoßung« wieder.

Beim Schöpfungswerden in deren dauernder Entwickelung ist es das Abgehen der unbewußten Geistkeime, das Sichselbstloslösen aus dem an das Paradies anstoßenden Gebiet des geistigen Niederschlages durch den Drang zum Bewußtwerden, also der Antritt der Wanderung durch die

71. DIE AUSWEISUNG AUS DEM PARADIESE

Stofflichkeiten zum Zwecke der Bewußtseins-Entwickelung.

Aber das ist keine Strafe, sondern eine Gnade. Und diese habe ich als zum Schöpfungswissen gehörend in meiner Botschaft bereits ausführlicher erklärt.

Die Strafe aber, die auf den *Sündenfall* folgte, war ein Vorgang für sich, der aber auch wieder wie alles ganz natürlich sich vollzog und schon entwickelte Menschengeister betraf.

Der Sündenfall geschah auf Erden und ist verbunden mit dem Erwachen des Verstandes, das durch Luzifer dem Menschen zu dessen Hebung in der Stofflichkeit gegeben werden sollte. Aber nicht dazu, daß der Mensch sich diesem Verstande beugen sollte, indem er ihn als das Höchste ansah. Er wollte durch ihn herrschen und versklavte sich ihm dadurch, anstatt ihn zu einem feingeschliffenen Werkzeuge für seinen Gang durch die Stofflichkeiten zu machen, um im Danke zu dem Schöpfer damit alles Grobstoffliche liebend zu veredeln und emporzuheben.

Da der Verstand *erdgebunden* ist und immer bleiben wird, band sich der Menschengeist durch ihn und unterband jede Verbindung mit den lichten Höhen, seiner eigentlichen Heimat.

Er enteignete sich der für ihn so notwendigen Lichtverbindung, schnitt sich damit eine Rückkehr in die Heimat ab. Sobald der Erdenmensch selbst den Verstand als Höchstes setzte, erschien er wie ein oben zugeschnürter Sack, weil er die Sicht nach oben sich damit verschloß.

71. DIE AUSWEISUNG AUS DEM PARADIESE

Denn der Verstand als ein Produkt des irdischen Gehirnes kann nur alles das verstehen, was gleich ihm zu der Grobstofflichkeit gehört, aus ihr hervorgeht oder eng mit ihr verbunden ist.

Deshalb lehnt er natürlich ab, was nicht zu dieser Stofflichkeit zu zählen ist, oder steht diesen Dingen »verständnislos« gegenüber, was gleichbedeutend mit Nichtanerkennen-Können ist.

Dieses Abdrosseln von allem Höheren, Nichtstofflichen ist gleichbedeutend mit dem Abschneiden vom Paradiese, was wohl ohne weiteres jedem denkenden Menschen verständlich sein wird. Der Mensch war dabei auf Erden, doch nicht in dem Paradies, von dem er sich abschnitt.

Auch der Spruch: »Im Schweiße Deines Angesichtes sollst Du Dein Brot nun essen« ist nicht schwer dabei zu verstehen. In Wirklichkeit sind diese Worte nicht gesagt worden; denn das war nicht nötig, weil die natürliche Folge sich selbsttätig so ergab.

Sobald der Mensch sich durch die Herrschaft des Verstandes von dem im geistigen Reiche befindlichen Paradiese und allem Höheren, Außerstofflichen abgeschnitten hatte, weil er es nicht mehr verstehen und deshalb auch nicht mehr davon wissen konnte, *mußte* sich dem Verstande entsprechend sein ganzes Denken und Tun nur auf alles Erdgebundene richten. Dadurch erstand das Streben *nur nach diesen an sich niederen Dingen!* Des Erdenmenschen Blick wandte sich also von oben ab der Erde zu und allen irdischen Bedürfnissen, für die er seine ganze Kraft

71. DIE AUSWEISUNG AUS DEM PARADIESE

erschöpfte und deshalb zuletzt nicht anders konnte, als im Schweiße seines Angesichtes und im Kampf mit seinen Nebenmenschen um das tägliche Brot zu ringen.

Darin lag die Strafe, die sich aber von selbst ergab aus der Abwendung von Gott und seinen lichten Höhen zur groben Stofflichkeit, der er mühsam abringen mußte, wonach sein Sinnen stand.

Das an sich selbsttätige und selbstverständliche Geschehen wurde bildhaft in dem Sündenfalle und der Ausstoßung wiedergegeben, die nichts anderes als eine Selbstabschnürung von dem Paradies des Geistigen war.

Die Verlockung erfolgte nicht im Paradiese, sondern *auf der Erde;* denn in das Paradies hätte die Schlange nie kommen können, ganz abgesehen davon, daß die im Paradies lebenden Geister gar nicht in solcher Weise hätten verlockt werden können, weil diese nur in der *Empfindung* schwingen und wirken. Dort benötigen sie den nur zur Stofflichkeit gehörenden Verstand nicht, dem die Lockung galt.

72. ARBEIT OHNE FREUDE

FRAGE:

Es kommt doch oft vor, daß ein Mensch durch äußere Verhältnisse aus seiner Bahn geschleudert wird, die er sich vorgenommen hat zu gehen. Er muß entweder eine Stellung oder Arbeiten annehmen, die mit seinem eigentlichen Ziele nicht im Einklang stehen, und verliert dadurch viel Zeit, die er als für ihn nutzlos ansehen muß. Wenn ihn dazu die Ausführung der Arbeiten noch Überwindung kostet und nicht Freude macht, so kann sie sicher seinem Geistesreifen keinen Nutzen bringen.

ANTWORT:

Treue Pflichterfüllung bringt immer geistigen Gewinn. Natürlich wird dieser Gewinn belebt und erhöht, wenn auch Lust und Liebe zu der Arbeit mit vorhanden ist. Oft aber sind derartige Arbeiten notwendige Brücken, die der betreffende Mensch noch braucht, um ein höheres Ziel erreichen zu können, das ihn dann voll erfüllt und ihm damit auch zur Freude wird.

Da ist es selbstverständlich, daß bei derartigen Übergangsarbeiten, die manchmal viele Jahre dauern können, nicht immer Befriedigung und Freude vorhanden sein kann, am wenigsten dann, wenn der Mensch diese Arbei-

72. ARBEIT OHNE FREUDE

ten zu seiner eigenen Entwicklung und zu seinem geistigen Fortschritte nötig hat!

Viel später sieht er dann sehr oft, daß gerade die Jahre, die er für vergeudet hielt und wo er abseits von seinem eigentlich vorgefaßten Wege zu stehen wähnte, die wichtigsten für ihn waren, die er um keinen Preis auf seinem Erdenwege missen möchte, da er die Erfahrungen daraus dringend brauchte zur Erreichung eines höheren Zieles.

Dann dankt er mit ganzer Seele für die weise Führung, die ihn anscheinend zur Seite drückte.

73. GRUPPENSEELE

FRAGE:

Was versteht man unter Gruppenseele? Diese Bezeichnung habe ich oft in mancherlei Büchern gelesen, doch nie eine eigentliche Erklärung dafür gefunden, die ein rechtes Bild der Vorstellung geben konnte.

ANTWORT:

Mit dieser Frage ist allerdings ein Punkt berührt, den zu klären eine ganze Serie von Vorträgen nötig sein würde, was natürlich nicht im Rahmen einer einfachen Fragenbeantwortung unterzubringen ist.

Trotzdem will ich wenigstens in einem großen Zuge diese Angelegenheit umgrenzen. Das beste ist, wenn ich gleich eine andere vorliegende Frage mit darein verwebe, welche also lautet:

»Haben außer den Menschen auch die Tiere, Pflanzen usw. Seelen, die einen Entwicklungsgang durchlaufen, und wie ist es bei deren Abscheiden?«

Darauf ist zu sagen, daß es nichts in der Schöpfung gibt, das ohne Entwicklung verbleiben kann; denn das läßt das Gesetz der Bewegung nicht zu. So entwickeln sich auch die Seelen der Tiere, die aus einer besonderen Art des wesenhaften Ringes stammen, der als erster die Stofflichkeiten umgibt.

73. GRUPPENSEELE

Hierbei kann ich einmal nicht anders, als auf meine Vorträge über die verschiedenen Schöpfungsringe oder Ebenen hinzuweisen, da deren Kenntnis zu einem Verstehenkönnen dieser Antwort unbedingt gehört und ein enger begrenztes Bild nicht gegeben werden kann, weil in diesen Ebenen alles in Bewegung ist und bleibt.

So entwickeln sich also auf der Erde die Seelen der Tiere, die aus dem untersten Ring des Wesenhaften hervorgehen und nicht geistiger Natur sind, immer mehr und mehr. Sie sind deshalb auch entsprechenden Veränderungen unterworfen.

In den Anfangsstufen kehren diese Seelen bei dem Erdabscheiden zu einer Gruppenzentrale zurück oder, besser gesagt, sie werden von dieser angezogen, wobei sie ihre Form wieder verlieren und in diese eingehen. Es ist davon nicht nur *eine* Gruppenzentrale vorhanden, sondern es bestehen Zentralen für jeden Reifegrad. Auch hier schließt sich alles dem Gesetz der Gleichart gehorchend zusammen, in Abstufungen der jeweiligen Reife.

Bei höherer Entwicklung der Tierseelen aber bleibt nach einem irdischen Ableben die Form der Seele eine immer länger andauernde Zeit bestehen und kann sich dann auch wieder inkarnieren, ohne in einer Gruppenzentrale aufgegangen zu sein.

Hierbei ist Anhänglichkeit, Treue oder Liebe die bindende Kraft, welche in der Sehnsucht die Form zusammenhält.

Der Begriff »Gruppenseele« umfaßt Arten niederer We-

73. GRUPPENSEELE

senhaftigkeit, aus denen heraus die Tierseelen sich lösen, um nach grobstofflichem Absterben wieder dahin zurückzukehren, da sie von den Sammelpunkten angezogen werden. Es ist nach menschlichen Erdbegriffen eine formlose Masse, aus der Teile formannehmend als Seelen sich lösen und zurückkehrend formverlierend wieder darin aufgehen.

In Wirklichkeit bestehen diese Gruppenseelen aber aus vielen in- und durcheinanderwogenden, sich andauernd verändernden unklaren Gestaltungen.

Ich erkläre dies nur in dieser Weise, um einen ungefähren Begriff davon zu geben, da näheres Eingehen das Lesen meiner Vorträge bedingt.

Nur eins sei hierbei noch erwähnt: Die soeben genannten Seelen besitzen nur Kreaturen, welche sich von der Stelle bewegen können, wie die Tiere, wodurch sie die Möglichkeit des Sichschützenkönnens haben.

Pflanzen und Gesteine aber besitzen keine eigene Seele, sondern sie bilden nur Behausungen für wesenhafte Kreaturen wie Elfen usw., die sich beliebig daraus entfernen können, ohne unmittelbare Schmerzen zu empfinden, wenn ihre Behausungen verletzt werden.

Diese wesenhaften Kreaturen betreuen und pflegen die ihnen überlassenen Behausungen, welche sich nicht selbständig von der Stelle bewegen können, bauen daran und nähren sie durch Strahlungen, was dann den Menschenaugen wie selbständiges Leben dieser Pflanzen erscheint.

74. FEHLER TROTZ BESTEN WOLLENS

FRAGE:

Ich bemühe mich schon seit langer Zeit, immer nur das Beste zu wollen und muß doch dabei immer und immer wieder erleben, daß ich Fehler über Fehler mache. Da kann man fast verzweifeln und muß annehmen, daß ein geistiges Reifen hier auf der Erde gar nicht möglich ist.

ANTWORT:

Es ist besser, es werden bei gutem Wollen Fehler gemacht, als daß gar nichts getan wird aus Furcht, daß Fehler gemacht werden könnten! Ein Mensch, der Fehler macht, kommt in den meisten Fällen trotzdem voran, wenn er aus diesen Fehlern für die Zukunft Lehren zieht, um nicht immer wieder dieselben zu begehen. Sein Geist reift ganz gewiß dabei, sobald sein Wollen gut ist und er nicht mit Vorbedacht Übles will.

75. NICHTERKENNEN DES WIRKENS GOTTES

FRAGE:

Woran liegt es, daß so viele Menschen das Wirken Gottes in der Schöpfung nicht zu erkennen vermögen, sondern so leben, als wenn Gott nicht vorhanden wäre?

ANTWORT:

Weil sich derartige Menschen nicht öffnen! Es gehört aber schon eine ziemlich große Ansammlung von Stumpfheit dazu, wenn ein Mensch in der Schöpfung nicht höheres Wirken sehen kann. Doch ist ein derartiger Zustand nicht Unvermögen des Menschengeistes, sondern lediglich Oberflächlichkeit oder Trägheit! Sie essen und trinken wohl und denken an Erwerb irdischer Vorteile, aber fragen sich nicht einen Augenblick, woher der Ursprung der schönen Schöpfung und deren Erhaltung kommt, zu der sie selbst gehören. Sie nehmen und genießen, ohne den Spender erforschen zu wollen.

Solche Menschen gelten vor dem Schöpfer noch weniger als Tiere, weil sie den Tieren voraus die Möglichkeit des Erkennens in sich tragen und nur zu bequem sind, die Sonderfähigkeit zu nützen. Das mag scharf und hart erscheinen, aber es entspricht den Tatsachen. Es sind in Wirklichkeit Nichtstuer, die Drohnen in der Schöpfung, auch wenn sie unter Erdenmenschen als fleißig und bedeutend gelten.

76. NATÜRLICHER UND GEWALTSAMER TOD

FRAGE:

Welchen Unterschied zeigt eine Menschenseele beim Ausscheiden aus dem Körper bei einem natürlichen Tode oder einem gewaltsamen?

ANTWORT:

Die durch plötzlichen Tod hinübergehende Seele ist wie eine Frucht, die *vor* der Reife vom Baume fällt und dann erst noch nachreifen muß. Diese zu früh hinübergekommene Seele muß das auf Erden Versäumte in irgendeiner Weise ihrer Art entsprechend nachholen.

Es kann aber auch ein Tod, den die Menschen natürlich nennen, für die Seele verfrüht sein, wenn der Erdenmensch seinen grobstofflichen Körper vernachlässigt hat oder zu unachtsam gewesen ist, wenn er ihn also als anvertrautes Gut nicht genug hütete oder gar schädigte, was sehr leicht durch zu vieles Trinken oder Rauchen und auch sonstige den gesunden Bedürfnissen des Körpers nicht entsprechende Hänge oder Angewohnheiten geschehen kann.

Wer von den Menschen weiß denn, um wie viele Jahre oft ein Erdensein durch irgendeine dumme und harmlos erscheinende Angewohnheit verkürzt wird, gar nicht zu sprechen von den Leidenschaften oder ehrgeizigen Sportübertreibungen.

Es ist wohl die Hälfte der »kultivierten« Erdenmenschen von heute, deren Seelen durch all diese Sitten und Unsitten zu früh für das sogenannte Jenseits den Körper verlassen müssen und damit ihre Zeit nicht erfüllen konnten, wenn sie überhaupt an eine Erfüllung und einen höheren Zweck des Erdenseins in rechtem Sinne gedacht haben.

77. GNADE UND GERECHTIGKEIT

FRAGE:

Was ist Gnade und wie verhält sie sich zur Gerechtigkeit?

ANTWORT:

In menschlichem Sinne ist Gnade ein Willkürakt, in göttlichem Sinne nicht. Gottes Gnade liegt in den selbsttätigen Gesetzen der Schöpfung, die den Willen Gottes tragen, der gleichzeitig auch die Gerechtigkeit ist. Sie geben in ihrer Gerechtigkeit den gefallenen Menschengeistern die Möglichkeit, durch Ablösung wieder zum Aufstieg zu gelangen.

Diese Wirkungen der selbsttätigen Gottesgesetze in der Schöpfung tragen Gerechtigkeit und Liebe in sich und sind gleichzeitig auch die Gnade, welche Gott den Menschen bietet.

78. INKA-SCHICKSAL

FRAGE:

Ich kenne die Geschichte der Inkas, der »Sonnensöhne«. Diese waren gutmütig und fanden doch ein so schreckliches Ende durch den berüchtigten Pizarro. Haftete diesem Volke ein so schweres Karma an, daß sie es nicht bei ihrer Reinheit und Kindlichkeit symbolisch hätten ablösen können? Wie ist bei ihrem harmlosen Leben das über sie hereingebrochene Gräßliche zu erklären?

ANTWORT:

Sehr einfach! Mit der Harmlosigkeit, in der die Inkas lebten, wären sie zum Stillstand gekommen! Sie fühlten sich dabei wohl und hatten keinen Drang, sich aus freien Stücken heraus weiterzuentwickeln.

Sie lebten wie harmlose Lämmer dahin. Es befanden sich auf der Erde aber auch noch andere Menschen, die sich bereits dem unheilvollen Einflusse der Verstandesherrschaft hingegeben hatten und dadurch Wölfen glichen. Bekanntlich können aber Lämmer und Wölfe nicht zusammenleben.

Außerdem muß der Fragesteller sich darüber klar sein, daß nicht alles Ungemach Folge eines *vorhandenen* Karmas sein kann; denn auch das Karma mußte doch einmal einen Anfang haben.

78. INKA-SCHICKSAL

Jeder Leser meiner Botschaft weiß, daß sich auch heute noch neben dem laufenden Karma jede Stunde nicht nur Karmafäden lösen, sondern auch stets *neue* knüpfen.

So knüpften diese übelwollenden Menschen, welche die Inkas überfielen, ein neues Karma, während den Inkas dabei trotz des irdischen Ungemaches Nutzen entstand; denn sie wurden *wach*, um geistig *und* irdisch sich weiterzuentwickeln!

Aus diesem Vorgang kann die Menschheit wieder lernen, daß es der Menschen Pflicht ist, immer *wach* zu sein. Geistig *und* irdisch. Der Erdenmensch kann geistig noch so hoch stehen, noch so gut im Lichte leben, ist er dabei nicht gleichzeitig auch irdisch wach, vergißt er seine irdische Umgebung, in der er doch zu leben hat als Erdenmensch, will er sie nicht beachten, sondern hier auf Erden *nur* dem Geiste leben, so wird und muß er Schaden leiden, da er dann den übelwollenden Nebenmenschen freien Lauf gewährt. Er läßt also die Schwächen seiner Nebenmenschen und deren Fehler wachsen und gibt ihnen sogar noch Gelegenheit, sich darin auszutoben. Das ist falsch!

Ich habe auch in der Botschaft ausdrücklich darauf hingewiesen, daß auf Erden das Irdische mit dem Geistigen Hand in Hand zu gehen hat.

Wachsein ist die beste Verteidigung und der schärfste Kampf!

Das ist für jeden Erdenmenschen wichtig.

Im Wachsein kann schon vieles Übel abgewendet werden, bevor es noch zum Angriff kommt. *Das* ist der *rechte*

Kampf, wie er im Sinne des Gotteswillens verlangt wird. *So sollen alle kämpfen: im und durch das unentwegte Wachsein!*

79. ANFEINDUNGEN

FRAGE:

Es ist mir aufgefallen, daß gerade gegen Abd-ru-shin mit einer Gehässigkeit immer wieder neue Angriffe versucht werden, deren Art und Weise eigentlich abstoßend wirken muß auf gesittete und denkende Menschen. Ich erfuhr dies nicht nur von verschiedenen Sekten, sondern mußte dies nun auch bei Kirchen sehen.

Mir gibt das deshalb viel zu denken, weil solche Handlungen eigentlich das Gegenteil von einem christlich vorbildlichen Leben zeigen, wie man es von allen unmittelbar zu einer Kirche gehörenden und in ihr dienenden Menschen erwarten und fordern müßte, wenn man an die Echtheit von deren Worten und Lehren glauben soll.

Im Sinne des Gottessohnes Jesus ist es auf keinen Fall, worauf doch die christlichen Kirchen aufgebaut sind, so viel steht fest für jeden Christen, der es ernst mit seinem Christentume meint. Wie ist es zu verstehen, daß diese Dinge vorkommen, die doch durch ihre Art den ganzen Grundbau erschüttern müssen? Oder denke ich darin irgendwie falsch?

ANTWORT:

In dieser Frage liegt ja schon die Antwort deutlich genug. Es ist ganz folgerichtig gedacht und bedarf keiner weiteren

79. ANFEINDUNGEN

Erklärungen. Es sind in der ganzen Weltgeschichte nachweisbar immer nur Vertreter der jeweils herrschenden Religionen gewesen, die gegen Wahrheitssuchende und Lichtbringer gekämpft haben, sobald diese über die Grenzen der gegebenen Religionsvorschriften hinausgingen, um der Wahrheit näherzukommen.

Diesen weltgeschichtlichen Beweisen kann niemand widersprechen; und es ging ja dem Gottessohne Jesus selbst nicht anders, das ist allgemein bekannt. Wenn er heute wiederkommen würde, so erginge es ihm wieder genauso, nur den jetzigen Verhältnissen angepaßt. Das haben sogar Geistliche mehr als einmal in voller Ehrlichkeit von der Kanzel gekündet, und es wird wohl auch ein jeder Mensch, der die Menschen und ihr Gebaren kennt, nichts anderes erwarten.

Die *Art* solcher Angriffe aber, gleichviel ob diese heimlich oder offen erfolgen, kann immer nur die betreffenden Personen, von denen sie ausgehen, kennzeichnen, die ja auch den Gottgesetzen gegenüber verantwortlich bleiben, welche sich selbsttätig auf jeden Fall zuletzt gegen sie auswirken müssen. Die ausführenden *Personen* allein kennzeichnet die Art und Weise und drückt ihnen einen entsprechenden Stempel auf. Der Fragende soll damit aber nicht die Kirchen selbst als Ganzes belasten.

80. ANGRIFFE DURCH KIRCHEN UND SEKTEN

FRAGE:

Eine bereits beantwortete Frage veranlaßt mich zu einer neuen Frage: Es müßte Abd-ru-shin doch leichtfallen, alle Blößen und Mängel der Kirchen oder Sekten zu beleuchten, womit die Angriffe derselben wohl schon aus Klugheit verstummen würden.

ANTWORT:

Erwartet der Fragende von mir, daß ich darin die üblichen dunklen und verwerflichen Wege einschlage, welche die Gegner so kennzeichnen? Wohl könnte ich es, und es würde Bände füllen; aber meine Aufgabe liegt nicht darin, sondern sie ist, den ernsthaft nach Gott und Wahrheit suchenden Menschen den Weg zu zeigen und ihnen damit helfend das zu bieten, was sie suchen.

Das erklärt auch so manche Frage, warum ich mich nicht durch die übliche Werbung bemühe, Leser und Anhänger zu finden und deren Kreise schnell zu erweitern.

Ich biete den Suchenden dar, aber ich werbe nicht. Wer wirklich suchet, der *wird* finden! Er findet, weil es von Gott so gewollt ist und helfende Kräfte aus den lichten Höhen jeden ernsthaft Suchenden dazu führen. Dieselben

80. ANGRIFFE DURCH KIRCHEN UND SEKTEN

Kräfte helfen damit auch mir, und die Menschheit wird zu rechter Stunde erfahren müssen, daß ich in Gottes heiligem Schutze stehe. Damit wird dann auch die Falschheit aller Angriffe von selbst offenbar, und das Ende wird *so* sein, daß gerade diese Angriffe und alles ähnliche Tun am meisten dazu beigetragen haben, meine Aufgabe zu *fördern,* trotzdem sie das Gegenteil beabsichtigten.

Es liegt im Gottgesetz, daß zu dieser Zeit nun auch das Dunkel mit seinen bösen Absichten wider Willen dem Lichte dienen muß.

Mein eigenes Wissen im unbedingten Vertrauen auf meine Sendung und deren Ausgang gibt mir das Recht auch den bittenden Menschen gegenüber, auf Angriffe zu schweigen und die Menschen selbst für sich entscheiden zu lassen, ob sie den Gehässigkeiten Glauben schenken wollen. Sie brauchen dabei doch nur an die Worte des Gottessohnes Jesu zu denken:

»An ihren *Werken* sollt Ihr sie erkennen.« Das ist gleichbedeutend mit: »*An der Art ihres Wirkens sollt Ihr sie erkennen!*«

Das Erkennen der wahren Art der Gegner ist dann doch nicht mehr so schwer?

Außerdem wird mit solchen Unterdrückungsversuchen und Verfolgungen gerade gegen eins der Hauptgesetze Gottes schwer gesündigt: Der Mensch soll seinen freien Entschluß bei seinen Entscheidungen haben, was von seiner Verantwortlichkeit nicht zu trennen ist; denn wo Verantwortung ist, *muß* auch freie Entschlußfähigkeit sein! Diese

80. ANGRIFFE DURCH KIRCHEN UND SEKTEN

hört aber dort auf, wo Prüfungs- und Überlegungsfreiheit unterbunden wird von Stellen, die deutlich genug erkennbar nur ihren eigenen Einfluß damit zu erhalten suchen.

Wo wirklich Wahrheit ist, dort kann sie ruhig beleuchtet werden, da ist nichts zu fürchten, und da wäre doch auch am wenigsten Grund, gegen anderes oder Neues zu eifern. Im Gegenteil, jedes andere kann die Wahrheit nur festigen.

Des Menschen heiligste Pflicht ist es, im Gotterkennen wie in seiner geistigen Entwicklung *voran*zuschreiten. Jede Unterbindung darin und Fesselung an Bestehendes ist Stillstand, der Rückgang zur Folge hat. Das verstandeswissenschaftliche Forschen und Entdecken schreitet immer unentwegt voran; wenn dabei das geisteswissenschaftliche nicht gleichen Schritt hält, muß es mit der Zeit erschüttert werden und ins Wanken kommen, weil der Ausgleich zur Harmonie dieser beiden verschiedenen Arten, die Hand in Hand gehen sollen, fehlt. Das Ende ist dann unvermeidlicher Zusammenbruch, weil dem Verstandeswissenschaftlichen der ihm notwendige lebendige geistige Halt fehlt; denn Mystik vermag diesen dem Verstandeswissen nicht zu geben.

Anscheinend gehören diese Bemerkungen nicht zu der Frage, aber nur anscheinend. In Wirklichkeit vertieft es den Sinn der Antwort, und ich hoffe, daß es mancher Mensch erfaßt.

81. GEBETE

FRAGE:

Als ernster Leser der Gralsbotschaft Abd-ru-shins »Im Lichte der Wahrheit« will ich auch den so bedeutungsvollen Vortrag über das Gebet in mir zum Leben bringen.

Dabei empfinde ich, daß es doch ein großes Geschenk für viele Menschen sein würde, wenn Abd-ru-shin eine grundlegende Form für das Gebet im Alltag nennen wollte, an die man sich halten kann …

ANTWORT:

Es ist dies nicht die erste Anregung dazu, deshalb gab ich bereits für den Leserkreis die Grundlage eines Morgengebetes, eines Tischgebetes und eines Abendgebetes, deren Sinn der Stellung des Menschen in der Schöpfung entspricht. Wenn der Mensch sich bemüht, die gegebenen Worte nicht nur »herzubeten«, wie es bei den meisten Menschen geschieht, sondern sie dabei gesammelt innerlich zu empfinden, also mitzuschwingen, so ersteht *das* wirkungsvolle Gebet, wie es der Mensch auszusenden fähig ist. Meine Worte sollen nur den äußeren Halt dazu geben und die Empfindung stützen.

Die Gebete lauten:

81. GEBETE

1. *Morgengebet:*

»Dein bin ich, Herr! Mein Leben soll nur Dir zum Danke sein. O nimm dies Wollen gnädig an und schenke mir dazu auch diesen Tag die Hilfe Deiner Kraft! Amen.«

2. *Abendgebet:*

»Herr, der Du über allen Welten thronest, ich bitte Dich, laß mich die Nacht in Deiner Gnade ruhen! Amen.«

3. *Tischgebet:*

»Herr! Du gibst uns gnadenvoll in Deiner Schöpfung Wirken den für uns immerdar bereiten Tisch! Nimm unsern Dank für Deine Güte! Amen.«

82. WUNDER JESU

FRAGE:

Viele Bibelgläubige halten so sehr an den »Wundern« Jesu fest. Wie erklärt Abd-ru-shin das Wunder der Speisung von fünftausend Menschen mit einigen Broten und Fischen? Eine Vermehrung der Speise ins Tausendfache ist ja nach den Schöpfungsgesetzen ausgeschlossen.

ANTWORT:

Auch darüber ist ausführliche Erklärung gegeben in den Niederschriften, die das Leben Jesu auf Erden wiedergeben. Wie stets und auch heute noch, sind damals unter den Menschen Gerüchte entstanden, die nicht nur die gesprochenen Worte Jesu entstellten, sondern auch um seine Person selbst bis ins Ungeheuerliche gesteigerte Geschichten woben, die jeder tatsächlichen Grundlage entbehrten.

Jesus selbst war oft entsetzt, wenn er zum erstenmal an einen Ort kam, zu dem derartige Gerüchte schon vorausgeeilt waren, die ihn an der Menschheit verzweifeln lassen mußten. Zu diesen Gerüchten gehörte auch die Erzählung über die *Speisung* der fünftausend Menschen, die den Tatsachen *nicht* entsprach. Wohl hörten ihm fünftausend Menschen zu, er speiste sie dabei mit dem *Worte* Gottes,

82. WUNDER JESU

das dem *Geiste* Speise und Trank ist, aber nicht mit irdischen Dingen.

Mir selbst ist es ja in den letzten Jahren nicht anders ergangen. Es sind Gerüchte verbreitet worden, welche den Tatsachen gegenüber direkt lächerlich sind. Man könnte so vieles als eine Beleidigung der Menschheit bezeichnen, der zugemutet wird, solche Dinge zu glauben. Selbst in der nächsten Umgebung meines Wohnsitzes wurde in Tageszeitungen von einem Schloß, manchmal von einer Burg und sonstigen Dingen berichtet, während ich in einem ganz bescheidenen Hause wohne, was sehr leicht festzustellen ist. So wird auch von Vorgängen erzählt, die nur krankhaft veranlagten Gehirnen entspringen können oder ... *gewollt bösen Absichten,* um die Menschen davon abzuhalten, ernsthaft an meine Botschaft heranzutreten.

Der Grund dazu kann natürlich an vielen Stellen nur die Furcht sein, daß durch das Bekanntwerden mit meinem Worte die Menschengeister freudig erwachen und zum tiefen Nachdenken über Dinge kommen, deren Erklärung sie in meiner Gralsbotschaft »Im Lichte der Wahrheit« finden und sonst nirgends.

Nicht anders war es zu Jesu Erdenzeit. Teils aus Phantasie heraus und Übertreibung, teils aus Übelwollen wurden Gerüchte erfunden und verbreitet. Wenn dann die Menschen an die Erzählungen glaubten und Jesus konnte entsprechende Bitten an anderen Orten nicht erfüllen, weil sie mit den Schöpfungsgesetzen nicht übereinstimmten, so mußten sie wähnen, daß er nur nicht *wollte!* Es wurde damit geschickt Groll ausgesät. Leider wurden auch die falschen Gerüchte für später festgehalten und kamen somit in die Überlieferungen.

Die Menschen brauchen aber doch nur wach zu sein und sich *heute* ihre Mitmenschen betrachten, so werden sie auch ohne weiteres die Erklärungen von vielen Widersprüchen aus früherer Zeit finden; denn heute sind die Menschen noch genau so, wie sie auch früher schon waren.

Wenn jemand in hundert Jahren heutige Berichte der Zeitungen aus meiner nächsten Umgebung liest, so ist es nicht erstaunlich, wenn er den darin verbreiteten Gerüchten vollen Glauben schenkt in dem Wahne, daß alles doch wahr sein müsse, wenn es in der nächsten Umgebung berichtet wurde.

83. BRINGT DIE GROSSZÜCHTUNG DES VORDERHIRNS KÖRPERLICHE NACHTEILE?

FRAGE:

Hat die in der Botschaft erwähnte einseitige Großzüchtung des Vorderhirnes des Menschen außer den furchtbaren geistigen Folgen dieser Erbsünde auch körperliche Nachteile?

ANTWORT:

Sehr viele, da der Erdenkörper auf *harmonische* Entwickelung des Gehirnes eingerichtet ist und nicht auf einseitige. Wer die Bedeutung des Gehirnes für den menschlichen Körper kennt, wird dies ohne weiteres verstehen. Es bleiben durch die falsche Behandlung sehr viele Fähigkeiten des Körpers unterdrückt, die sich sonst zu großem Nutzen des Menschen entfaltet haben würden, andere wieder können nur spärlich zur Geltung kommen, während im allgemeinen auch viele Krankheiten entstehen, von denen die Menschheit sonst verschont geblieben wäre.

Das alles ergibt eine dauernde Verkürzung der irdischen Lebensdauer, die sehr beträchtlich ist.

Die Menschheit wird in späterer Zeit nach erfolgter Umgestaltung mit Grauen erkennen, wie sehr sie mit diesem Abweichen von den Schöpfungsgesetzen auch irdisch gesündigt hat und welcher Schaden dadurch entstand. Viele Krankheiten werden vollständig verschwinden.

Jetzt erst noch *näher* auf diese Dinge einzugehen, hat gar keinen Zweck; denn die Wandlungen kommen ganz selbsttätig und in solcher Einfachheit mit der Aufnahme des unverbogenen, lebendigen Wortes, daß die umgewandelten Menschen nur noch die Köpfe schütteln werden über das vorgetäuschte »hohe Wissen« der verbogenen Zeit, deren Hohlheit durch sich selbst sich zeigen und zusammenbrechen mußte.

84. RICHTIGE EINSCHÄTZUNG DER MITMENSCHEN

FRAGE:

Es wird mir oft so schwer, meine Mitmenschen richtig zu erkennen, derart, daß ich sie nach ihrem inneren Werte einzuschätzen fähig bin. Und die Enttäuschungen schmerzen dann. Mancher Mensch, der wirklich Großes geleistet hat, entpuppt sich bei näherem Kennenlernen in seiner persönlichen Art als sehr klein. Wie ist das möglich?

ANTWORT:

Wenn der Mensch nach seinem inneren Werte erkannt werden soll, nicht nur nach seinen vielleicht großen irdischen Werken, so muß auf die *Kleinigkeiten* geachtet werden, die er in seinem Wesen zeigt.

Gerade die vielen unbeachteten Kleinigkeiten zeigen das *Eigentliche,* das Persönliche des Menschen. Es ist sehr selten, daß ein Mensch *in* seinen *Werken* steht, sondern er stellt diese in den meisten Fällen *vor sich hin.*

Nur ein *reifer* Menschengeist ist *eins* mit seinen Werken.

Er allein ist dadurch auch wirklich *lebendig* in seinem Alltagswirken, zum Unterschiede von den vielen, welche ihre Arbeit nur automatisch erfüllen, selbst aber *neben* diesen Arbeiten verbleiben.

84. RICHTIGE EINSCHÄTZUNG DER MITMENSCHEN

Den letzteren fehlt natürlich auch die rechte Arbeitsfreude. Wohl können auch solche Menschen treu sein in einer Pflichterfüllung, aber sie sehen diese Erfüllung als einen Zwang an, in den günstigsten Fällen als einen für das Leben *notwendigen* Zwang; sie finden aber nie eine wirkliche Befriedigung darin, dadurch auch keine Freude, sondern sie schielen dabei immer verlangend nach etwas anderem.

Dieses andere hat dann gewöhnlich wenig mit *Arbeit* zu tun, sondern mit Erfüllung von Wünschen für Genüsse, die für den rechten Menschen erst aus den Pflichterfüllungen und aus freudig geleisteter Arbeit hervorgehen dürften; denn *wahre* Freude und ungetrübter Genuß ersteht nur in dem Bewußtsein treuer Pflichterfüllung und freudig getaner Arbeit.

Beobachtet die Menschen auch hierbei in den Kleinigkeiten; dabei ist sehr schnell zu erkennen, ob sie ihre Arbeit *ganz* tun, also freudig, oder automatisch. Danach sind sie einzuschätzen.

85. GEBEN UND EMPFANGEN

FRAGE:

Abd-ru-shin spricht unter anderem in seiner Botschaft von einem großen Schöpfungs-Gesetze, daß nur im Geben auch rechtes Empfangen ruhen kann. Ich würde dankbar sein, gerade darüber noch genauere Hinweise hören zu dürfen, die mein Denken auf die richtige Bahn lenken.

ANTWORT:

Dieses Gesetz durchdringt alles. Bei einiger Beobachtung ist es nicht schwer, es zu erkennen und daran zu lernen.

Es erstreckt sich nicht nur auf das *bewußte* und gewollte Denken und Tun der Menschen oder auf ihr Wirken in den einzelnen Berufen, sondern auch auf alle als selbstverständlich angesehenen Vorgänge, die in gewissem Grade selbsttätig sich vollziehen.

Betrachten wir einmal das Atmen! Nur wer richtig ausatmet, kann und wird selbsttätig auch das gesunde und vervollkommnete Einatmen vollziehen, ja, er ist durch rechtes Ausatmen dazu veranlaßt und gezwungen. Das gibt dem Körper Gesundheit und Kraft.

Im Ausatmen *gibt* der Mensch! Er gibt etwas her, was in der Schöpfung von Nutzen ist, es sei hierbei nur der Kohlenstoff genannt, der zur Ernährung der Pflanze gebraucht

85. GEBEN UND EMPFANGEN

wird. Rückwirkend oder nachwirkend ist *der* Mensch, der Sorgfalt auf das Ausatmen verwendet, in die Lage versetzt, tief und mit Behagen wieder einzuatmen, wodurch ihm große Kraft zuströmt, ganz anders als bei oberflächlicher Atmung.

Umgekehrt ist dies jedoch nicht der Fall. Der Mensch kann tief und genießerisch einatmen, ohne deshalb *selbsttätig* gezwungen zu sein, auch gründlich auszuatmen; denn die meisten Menschen vollziehen gerade das Ausatmen oberflächlich.

Sie suchen wohl genießerisch zu nehmen, doch sie denken nicht daran, daß sie auch etwas *geben* sollen.

Und aus dem Unterlassen des richtigen *Gebens,* also des vollkommenen Ausatmens, folgert mancherlei: Erstens kann der Mensch dadurch nie zu dem rechten Genießen des Einatmens kommen, und zweitens wird nicht alles das ausgestoßen oder fortgeschafft, was für den Körper schädlich oder unverbrauchbar ist und diesen belasten oder im gesunden Schwingen hemmen muß, wodurch mit der Zeit vielerlei Krankhaftes erstehen kann. Ein aufmerksamer Beobachter wird auch hierin das unaufdringlich wirkende Gesetz erkennen.

Nicht anders in gröberen körperlichen Dingen. Die genußreiche Aufnahme der Speisen kann nur durch Verdauung, also Umänderung und Weitergabe zur Ernährung der Erde und Pflanzen erzielt werden. Es ist unbedingt davon abhängig.

Und wie es mit den körperlichen Dingen ist, so ist es

85. GEBEN UND EMPFANGEN

auch mit den geistigen Vorgängen. Will ein Geist schöpfen, also empfangen, so muß er das Empfangene gewandelt weitergeben. Das Wandeln oder Formen vor der Weitergabe stärkt und stählt den Geist, der in dieser Erstarkung immer mehr und immer Wertvolleres aufzunehmen fähig wird, nachdem er Raum dazu geschaffen hat durch Weitergabe, sei es in Wort oder Schrift oder sonstiger Tat.

Es bringt ihm erst nach Weitergabe Erleichterung, sonst würde es ihn drücken, ständig belästigen oder beunruhigen und könnte ihn zuletzt sogar ganz niederdrücken. Nur im Geben, also Weitergeben kann er wiederum erneut empfangen.

Ich führe diese leicht zu beobachtenden und verständlichen Dinge nur an, um einen Hinweis damit zu geben für das Große, dauernd Wirkende. Alle Vorgänge in der Schöpfung unterliegen diesem Gesetze. Auswirkend zeigt es sich natürlich der jeweiligen Ebene und Art entsprechend in stets anderer Formung.

Man kann dieses Gesetz auch anders bezeichnen, von anderer Seite aus beleuchten, indem gesagt wird: Wer empfängt, muß weitergeben, sonst kommt es zu Stauungen und Störungen, die schädlich sind und vernichtend werden können, weil es gegen das selbständig wirkende Schöpfungsgesetz ist. Und es gibt keine Kreatur, die nicht empfängt.

86. IST ABD-RU-SHIN JUDE?

FRAGE:

Oft ist von Deutschland aus die Behauptung an mich herangetreten, Abd-ru-shin sei Jude. Schon seit Jahren hörte ich davon immer und immer wieder. Die Absicht, damit irgendeine Schädigung herbeizuführen, ist unverkennbar, deshalb würde ich dankbar sein, einmal von Abd-ru-shin selbst eine Antwort darauf zu hören, der sich wie immer bei allen Angriffen auch in dieser Angelegenheit vornehm zurückhält.

ANTWORT:

Ich kann Ihnen auf Ihre Frage mit größter Einfachheit antworten: Die Behauptung, daß ich ein Jude sei, ist Lüge, und zwar eine sehr *plumpe* Lüge, weil in diesem Falle ohne weiteres das Gegenteil nachgewiesen werden kann, wie es bei manchen bisher sehr geschickt angelegten Verleumdungen in Entstellung von Tatsachen nicht immer so leicht der Fall gewesen ist.

Ich habe mich um die eigentlichen Ausgangsstellen in diesem Falle nicht gekümmert, aber wenn dort alles auf so schwachen Füßen steht wie diese lächerliche und selbstverständlich übelgemeinte Lüge, so wird es für die Dauer nicht gut damit bestellt sein.

86. IST ABD-RU-SHIN JUDE?

Es wurde vor Jahren in einer deutschen Zeitung mit derselben Absicht sogar einmal ein Bild von mir gebracht, an dem ich erkennen konnte, daß für diesen Zweck eine Fotografie von mir durch Retuschieren zurechtgestutzt, also gefälscht worden sein mußte, weil keine Ähnlichkeit mit der wirklichen Aufnahme mehr vorhanden war. Vielleicht ist die betreffende Zeitung damit getäuscht worden. Aber ich habe auch damals geschwiegen, weil es mir zu lächerlich erschien, um auch nur ein Wort darüber zu sagen.

Wer an solche Dinge glauben will und *deshalb* meine Werke ablehnt oder sie nicht lesen will, der soll es ruhig tun; denn ich zwinge meine Vorträge niemand auf.

Trotzdem es für mich eine vollkommene Nebensache ist, habe ich den Nachweis meiner sogenannten reinarischen Abkunft bis zum 16. Jahrhundert zurück in meinen Händen. Diese Beweise wurden von gerade und ehrlich denkenden Menschen gesammelt, es geschah nicht auf meine Veranlassung.

Meine Botschaft selbst aber ist *sachlich* und richtet sich an *alle* Menschen, die auf der Erde eine Spanne Zeit verbringen dürfen. Ich würde gegen Gottes heiliges Gesetz handeln, wenn ich äußerlich Unterschiede darin machen wollte.

87. IST IRDISCHE AUFERSTEHUNG MÖGLICH?

FRAGE:

Streng kirchengläubige Menschen weisen oft auf den Bibelbericht hin, nach dem der ungläubige Thomas bei der Erscheinung des Gottessohnes Jesus seine Hand in die Seitenwunde legen durfte und diese auch als solche Wunde empfand. Daraus suchen sie zu begründen, daß die Auferstehung fleischlich erfolgt sein muß, im Gegensatz zu den Ausführungen Abd-ru-shins.

ANTWORT:

Es ist die übliche bequeme Art von Begründungen der Kirchengläubigen, sich einfach als Beweis auf Bibelstellen zu stützen, die sie nur in seltenen Fällen wirklich richtig verstehen und die auch bisher nicht immer in dem richtigen Sinne ausgelegt worden sind.

Außerdem ist ein Hinweis auf den Bibelbericht durchaus keine tatsächliche Begründung, was wohl ohne weiteres jedem selbständig denkenden Menschen einleuchten wird.

Jesus trug bei seinem Erscheinen unter den Jüngern, wie jeder andere Abgeschiedene, in der ersten Zeit nur noch den Körper der feineren Stofflichkeit, nicht aber den grobstoff-

87. IST IRDISCHE AUFERSTEHUNG MÖGLICH?

lichen. Um Thomas überzeugen zu können, daß es wirklich Jesus war, wurde Thomas die Gnade gewährt, für diesen Augenblick *feinstofflich* schauen und fühlen zu können, also seinen eigenen feinstofflichen Körper wirken zu lassen.

Der feinstoffliche Körper schaut und fühlt bei dem noch in der grobstofflichen Hülle befindlichen Menschengeist *durch* dessen grobstofflichen Körper. Das erweckt den Anschein, als ob es der grobstoffliche Körper selbst sei, der handelt. Der grobstoffliche Körper führt dabei sehr oft auch äußerlich sichtbar die dazugehörenden Bewegungen aus, er geht sozusagen mit.

So kann es auch heute bei ganz anderen Gelegenheiten sein, daß ein für feinstoffliches Schauen und Fühlen begabter Mensch nach etwas greift und dieses auch als selbstverständlich fühlt, was andere nicht schauen können.

Nicht anders war es bei Thomas. Er schaute und fühlte durch seinen grobstofflichen Körper *hindurch* mit seinem feinstofflichen Körper und dessen Organen den schon verklärten, also feineren Körper von Jesus, sah und fühlte deshalb auch dessen Wunde, ohne daß es der dichte Fleischkörper war.

Das ist ein ganz natürlicher Vorgang, der, von lichten Helfern und Kräften zum Zwecke des Überzeugens unterstützt, um so natürlicher auf Thomas wirken mußte, namentlich da es von Jesus selbst gewollt war.

Gerade dieser Vorgang aber spricht sogar sehr deutlich dafür, daß es nicht der allen Jüngern so bekannte grob-

87. IST IRDISCHE AUFERSTEHUNG MÖGLICH?

stoffliche Erdenkörper von Jesus gewesen sein kann; denn sonst würde jeder Zweifel von vornherein ausgeschlossen gewesen sein.

Jesus *muß* also bereits auch äußerlich in seinem feinstofflichen Körper eine *andere* Erscheinung gewesen sein, die einen Zweifel an seiner Echtheit zuließ durch den Unterschied von seinem sonst gut bekannten Erdenkörper, so daß Jesus einen besonderen Beweis noch erbringen wollte, um den durch die Veränderung möglich gewordenen Zweifel aufzuheben.

Was also derartige Eiferer als Gründe ihres Denkens anführen wollen, trägt in Wirklichkeit einen Beweis des Gegenteils in sich! Man muß nur die Starrheit des trägen Festhaltenwollens an Gewohntem oder Gelerntem aufgeben, dann kommt im Darüber-Nachdenken selbsttätig der erleuchtende Strahl von allen Seiten, so daß man später nie verstehen kann, warum der Mensch nicht schon viel früher darauf gekommen ist.

Und wer dann die Kraft aufbringt, alles gegeneinander ruhig abzuwägen, findet, daß alles für das *Neue* spricht und nichts für das Alte, das irrigem, trägem Denken oder kluger Berechnung entsprang.

Die Erdenmenschen erleben doch andauernd genug, um sich bei nur einigem Nachdenken leicht in die Tatsachen hineindenken zu können. Wer hat zum Beispiel noch nie einen klaren Traum erlebt, bei dem der grobstoffliche Körper als beteiligt grobstofflich mitwirkt? Er schlägt um sich oder weint, schluchzt und schreit, stöhnt und spricht, während der Traum, das eigentliche Erleben, Schauen und Fühlen durchaus nicht grobstofflicher Art ist, sondern noch viel zarter und feiner als die feinere Stofflichkeit, die bei dem verklärten Körper des Gottessohnes während der Begebenheit mit dem ungläubigen Thomas in Betracht kam.

Und doch ist der Mensch während des Erlebens im Traume vollkommen überzeugt, daß es grobstofflicher Art ist, nur beim Erwachen dann kommt ihm die Erkenntnis, daß es anders war, trotzdem er noch grobstoffliche Beweise in den Tränen und anderem vorfindet.

Auch die sogenannte »Verklärung« ist nicht die Veränderung von etwas Bestehendem, wie des grobstofflichen Erdenkörpers, sondern die Enthüllung davon, die einen zarteren Körper hervortreten läßt, durch den der Menschengeist selbst stärker durchleuchten kann.

Die Verklärung bezieht sich ja auch nicht auf den Erdenkörper, sondern auf den Menschen selbst, der Geist ist, der nach Ablegung des Erdenkörpers und sonstigen an ihm hängenden trübenden Schlacken immer klarer durch seine Hüllen zu leuchten beginnt.

Es bricht eine neue Zeit an, die alle Zweifel beseitigen wird und das Wissen von Gott neu auferstehen läßt in reinerem, lebendigerem Gewande, was die Größe des damaligen Opfers des Gottessohnes nicht verkleinert, sondern es in noch viel strahlenderes Licht stellt, weil der Menschengeist darüber wissend geworden ist und nicht nur in unklarem Glauben darüber verbleibt, der keine lebendige Kraft in sich trägt.

88. ENTGEGNUNG AUF ANGRIFFE

FRAGE:

Als ernsthaft schürfender Leser sämtlicher Vorträge Abd-ru-shins bin ich empört über die Art des im ... erschienenen Artikels »Vomp und die Gralssiedlung«, da dieser dem wirklichen Worte Abd-ru-shins gegenüber sofort als ein Meisterwerk gewollter Entstellung erkennbar ist, das einem bestimmten, darin aber unausgesprochenen Zwecke dienen soll.

Will Abd-ru-shin auch hierbei schweigend verbleiben? Und würde es nicht angebracht sein, über den Marien-Kult einmal nähere Aufklärungen zu bringen, da dies doch auch nicht-katholische Christen interessieren muß?

ANTWORT:

Warum sollte ich nicht noch länger auf Angriffe schweigen, die sich in absehbarer Zeit doch durch die selbsttätig in der Schöpfung wirkenden Gottgesetze klären müssen? Dann ist die Folge, daß gerade derartige Angriffe nicht nur auf die Urheber zurückfallen, sondern sogar mehr als alles andere dazu beitragen, das *Gegenteil* von dem damit Bezweckten zu fördern.

Aber da Ihre Fragen durch derartige Angriffe ja geradezu erzwungen werden, will ich wenigstens einige Hinweise geben, die jeden Menschen zu eigenem Überlegen und Denken anregen können und den Tatsachen entsprechen.

Der von Ihnen erwähnte Artikel ist Ihrer Ansicht entgegen durchaus kein Meisterwerk der Entstellung, sondern die ganze Art erinnert stark an die Handlungsweisen der Kirchen im Mittelalter, die heute doch allgemein mit berechtigter Entrüstung verworfen werden.

Inhalt und Art des Artikels zeigt nur *eins* deutlich: die vielleicht verständliche Sorge, ich will nicht gerade sagen Angst, daß sich so mancher tiefer denkende Mensch auch aus den Kreisen der Kirche den in meinen Vorträgen gebrachten folgerichtigen Erklärungen über Schöpfungswissen anschließen könnte, weil sie ihm auf alle bisher ungeklärten Menschheitsfragen eine verständliche und überzeugende Antwort nicht schuldig bleiben und nichts in Mystik verweisen.

Und diese meine Vorträge sind mit jedem Worte nur von reinster, wissender, die Vollkommenheit Gottes betonender Gottverehrung durchstrahlt. Die Vollkommenheit Gottes ist überhaupt die Grundlage und der Ausgangspunkt *aller* meiner Vorträge, während dies bei anderen bisherigen Belehrungen oft außer acht gelassen worden ist; denn Vollkommenheit läßt Willkürhandlungen, die außerhalb der wirkenden Schöpfungsgesetze liegen, nicht zu, da ja die Schöpfungsgesetze aus der Vollkommenheit Gottes, des Schöpfers, hervorgegangen sind.

Das erhöht aber die Anbetung Gottes und macht sie im Wissen noch vertiefter, es verkleinert auch durchaus nicht

88. ENTGEGNUNG AUF ANGRIFFE

die heilige Aufgabe der Erdenmutter Maria von Nazareth, die dem Gottessohne Jesus den Erdenkörper geben durfte!

Und wenn ich in Anerkennung und Betonung der vollkommenen Gesetze Gottes in der Schöpfung den Schluß ziehe, daß bei jeder irdischen Geburt auch schöpfungsgesetzmäßig die irdische Zeugung notwendig ist, so liegt darin keinerlei Beschmutzung; denn sonst müßte ja jede irdische Mutterschaft als Beschmutzung angesehen werden! Und will sich denn die Erdenmenschheit vermessen, Gott in seinen selbsttätig wirkenden Naturgesetzen zu zwingen, sich ihren menschlichen, so verschiedenartigen und auch wechselnden Gesellschaftsgesetzen unterzuordnen?

Unbefleckte Empfängnis ist eine Empfängnis in reinster Liebe, die im Gegensatz steht zu der Empfängnis in sündiger Lust!

Und daß Jesus *niemals* hätte ein Kind sündiger Lust sein können, ist selbstverständlich. Ich wäre der erste, der einen solchen Gedanken mit aller Energie bekämpfen würde. Es gehört schon große Unsauberkeit dazu, meine rein sachlichen Betrachtungen derartig auszulegen.

Bei Ihrer zweiten Frage über die Art des Marien-Kultes will ich einmal in die Fußstapfen des Gottessohnes Jesus treten und sie ebenfalls durch eine Frage beleuchten:

Hat Jesus, der die Menschen *alles* lehrte, wie sie denken und handeln, ja sogar auch reden und beten sollten, um das Richtige, Gott Wohlgefällige zu tun, jemals auch nur mit einem Worte etwas von derartigem gesagt? Und die Christen wollen sich doch nach Christus richten.

88. ENTGEGNUNG AUF ANGRIFFE

Ich denke, mehr ist darüber nicht zu erwähnen. Mir liegt es vollkommen fern, an die Überzeugung oder Anschauungen anderer Menschen zu rühren, und ich achte *jede* Gottanbetung, wenn sie ehrlich empfunden ist. Ebenso habe ich noch nie einem Menschen mein Wissen aufzudrängen gesucht, sondern fordere von vornherein stets von jedem ernstes eigenes Prüfen, da ja die von Gott eingesetzte eigene Verantwortung des Menschen auch freie Entschlußmöglichkeit bedingt; denn auch die Gerechtigkeit Gottes ist vollkommen; sie würde den Menschen für nichts verantwortlich machen, wofür er nicht frei sich entschließen konnte, was natürlich auch in Glaubensangelegenheiten keine Ausnahme bildet.

Und wenn ich in diesem Falle einmal mit der Bibel reden wollte, worauf sich ja auch viele stützen, so spricht Jesus nach dem Evangelium Matthäi, 6. Kapitel:

»Und wenn Ihr betet, sollt Ihr nicht viel plappern wie die Heiden, denn sie meinen, sie werden erhöret, wenn sie viele Worte machen. Darum sollt Ihr *also* beten.«

Dann gab er ihnen das Vaterunser, wie es heute noch gelehrt und gebetet wird. *Sonst aber nichts!*

Wenn ich nun noch auf das erste *Gebot* hinweise, das auch Jesus mehr als einmal besonders betonte, wo es ausdrücklich heißt: »*Ich* bin der Herr, Dein Gott, Du sollst nicht *andere* Götter haben neben mir!«, so fordert dies auch eine andachtsvolle Gottverehrung. Alles andere ist dann von Menschen ausgedacht. Und Christen wollen doch nur *Christus* nachstreben.

88. ENTGEGNUNG AUF ANGRIFFE

Aber ich habe auch ausdrücklich vor vielen Jahren schon auf Befragen hin erklärt, daß es durchaus nicht falsch ist und auch angebracht, geistigen Helfern für deren viele Hilfen zu danken.

Dies sei für heute genug. Wer nicht unreine Gedanken hat, wird niemals etwas Unreines in dem von mir Gesagten finden können, sondern lediglich sachliche, schöpfungsgesetzmäßige Begründungen, die sich auf die Vollkommenheit Gottes stützen, wie auch in den meisten Fällen bereits die Weltgeschichte beweisend lehrt.

Die Weltgeschichte! Ja, diese lehrt auch sonst noch vieles, unter anderem auch, daß es gerade *immer* in erster Linie Priester waren, gleichviel, welcher Gottbegriffe und Lehren, die gegen *jeden* Wahrheitsbringer und den rechten Gottbegriff Suchenden in arger Weise vorgingen, da sie sich damit in ihrer Ruhe und ihrem Einfluß bedroht fühlten.

So waren es ja auch die Priester, die den Verkünder Johannes den Täufer und später die Jünger bedrängten und, voran der Hohepriester, den Gottessohn Jesus der Gotteslästerung anklagten und ihn an das Kreuz brachten.

Und wieder wird es die *Weltgeschichte* sein, die auch von den *Tatsachen* der heutigen Zeit in rücksichtsloser Klarheit noch in Jahrtausenden berichten und die Kämpfe schildern wird, die sich in der Jetztzeit abspielen in immer gleicher Art, bis daß die Wahrheit des Heiligen Lichtes auch die verborgensten Schlupfwinkel des Dunkels durchstrahlt.

89. KREBSFORSCHUNG

FRAGE:

Ich las das Heft: »Der Weltenlehrer als Führer der Wissenschaft« von Dr. Kurt Illig, Berlin, der als exakter Naturwissenschaftler schreibt. Zur Wissenschaft gehört doch auch die Medizin. Ich habe auf diesem Gebiete jedoch noch nichts in der Gralsbotschaft gefunden. Ein Führer der Wissenschaft sollte aber unbedingt die Bestrebungen auch auf diesem für das Wohl der Menschen so wichtigen Gebiete durch Winke und Richtlinien unterstützen. Wie zum Beispiel gerade in der Krebsforschung! Warum geschieht das nicht?

ANTWORT:

Weil die Zeit dazu noch nicht da ist; denn die Führer der Menschheit und die Menschen selbst sind jetzt an allem anderen weit mehr beschäftigt als an einem gesunden Aufbau. An ein Herausführen aus diesem heillosen Durcheinander *aller* Gebiete ist bei dem trotzdem dabei bestehenden grenzenlosen Wissensdünkel der Nichtswissenden nicht zu denken. Und dieser Dünkel muß unbedingt erst in Trümmer gehen durch sich selbst, damit das Nichtwissen endlich eingestanden wird. Erst nach dem restlosen Wissenszusammenbruche wird Aufstieg folgen. Die Dinge sind zu wertvoll, um in den jetzigen Hexenkessel der gegen-

89. KREBSFORSCHUNG

seitigen Selbstbeweihräucherungen geworfen werden zu dürfen, wo sie wahrscheinlich aus lauter Eitelkeit ignoriert werden würden.

Und die Stunde ist bereits gekommen, wo den Menschen *nicht mehr* helfend nachgelaufen werden darf, wie es bisher irrtümlich als christlich oder menschlich galt. Solche Liebe vertragen die Menschen nicht. Sie hat sie nur verwöhnt und eine ungesunde Selbstüberschätzung herbeigeführt. Nun werden sie dafür gezwungen sein, Flimmer von echtem Gold durch bitterstes Erleben endlich unterscheiden zu lernen, damit nicht alle ganz verlorengehen.

Da aber die obige Frage Ironie enthält, soll ausnahmsweise ein Hinweis erfolgen, auf den später einmal zurückgegriffen wird zur tieferen Behandlung: *Jedes krebsähnliche Gewächs ist durch Unfähigkeit und ungenügende Tätigkeit der Leber bedingt!* Darauf richte man den Blick. Eine gesunde Leber mit wirklich normaler Tätigkeit läßt keinerlei Krebsarten aufkommen. Deshalb sollte schon bei der Jugend scharf auf eine entsprechende vernünftige Lebensweise geachtet werden. Auch bei schon Erkrankten ist hauptsächlich darauf Wert zu legen! Mit der Gesundung der Leber wird die Kraft der Krankheit gebrochen, gleichviel an welcher Stelle sie sich befindet.

SCHLUSS-ERKLÄRUNG

Es ist mir völlig gleichgiltig, was die Menschen zu meiner Botschaft und zu meinen Fragenbeantwortungen sagen. Gleichgiltig, ob es ihnen gefällt oder nicht. Mich berühren die wärmsten Anerkennungen ebensowenig wie wohlmeinende Belehrungsbriefe oder auch erbitterte Angriffe, seien diese nun anständiger oder verächtlicher Art. Ich weiß, daß für viele Menschengeister die Stunde nicht mehr fern ist, in der sie die Beschränkung ihres Nichtbegreifenkönnens aus Seelennot heraus gewaltsam brechen. *Damit erst* werden sie dann meine Worte verstehen und begreifen lernen, was sie müssen, wenn sie nicht in ihrer jetzigen Verstrickung untergehen wollen.

Unberührt von Freundschaft oder Haß gehe ich meinen Weg. Deshalb begreife ich die vielen Aufregungen einzelner und ganzer Kreise nicht; denn wer mein Wort nicht haben will, braucht es ja nur zu lassen! Ich dränge es ja niemand auf, habe auch nicht die Absicht, ein »Geschäft« damit zu machen. Jeder Mensch mag für sich sehen, wie er damit fertig wird.

Abd-ru-shin

INHALTSÜBERSICHT
IN DER REIHENFOLGE DER FRAGEN

Vorwort	7
1. Wohltaten aus Ehrsucht	9
2. Verantwortung der Richter	13
3. Ungläubige Prediger	14
4. Verleugnung der Gotteskindschaft	15
5. Die Konfirmation	17
6. Gottmenschen	20
7. Die Gralsbewegung	21
8. Soziale und politische Betrachtungen	22
9. Die Kunst des Atmens	24
10. Kirchenbesuch	25
11. Rückfall in alte Fehler	27
12. Verlagszeichen	32
13. Hat Abd-ru-shin Gegner?	34
14. Welche Schulung hatte Abd-ru-shin?	35
15. Kreuzestod des Gottessohnes	37
16. Offenbarung des Johannes	40
17. Buddhismus	45
18. Gotteskindschaft	48
19. Furchtsame Gläubige	50
20. Das Rätsel von Konnersreuth	53
21. Der Schächer am Kreuze	66
22. Wechselndes Geschlecht bei Wiederinkarnierungen	68

INHALTSÜBERSICHT IN DER REIHENFOLGE DER FRAGEN

3. Kommen alle Fragen zur Beantwortung? 69
24. War Christus Vegetarier? 72
25. Eigentliche Schöpfung und stoffliche Welt 73
26. Mystik, Okkultismus und Spiritismus 75
27. Ist Abd-ru-shin Gegner der Astrologie? 86
28. Der Fall Konnersreuth 87
29. Was ist Energie? Und was ist Schwerkraft? 89
30. Erkennung von Inkarnationen aus Fotografien . 99
31. Ist Abd-ru-shin ein Seher? 100
32. Wer war die Seele des Rätsels von
    Konnersreuth? 102
33. Kann ein von einem Dämon besessener
    Mensch geheilt werden? 103
34. Christus und die Wiederinkarnierung 106
35. Anziehung der Gleichart 107
36. Spiritisten 109
37. Pendeln 112
38. Lorber 115
39. Prüfstein für Okkultismus 117
40. Das Duell 119
41. Der Menschensohn 121
42. Durch Mitleid wissend 123
43. Wiederinkarnierung und Konfession 127
44. Sekten und ihr Wirken 130
45. Buddha 132
46. Anrufung von Heiligen 136
47. Das Verhältnis der Gralsbotschaft
    zu anderen Lehren 142

INHALTSÜBERSICHT IN DER REIHENFOLGE DER FRAGEN

48. Gralsbotschaft und Juden 144
49. Menschensohn als Richter 147
50. Was ist Wahrheit? 150
51. Wie war es vor der Schöpfung? 153
52. Prüfung des Wortes 158
53. Der vom Licht Berufene 163
54. Gralsdienst 166
55. Anthroposophie 168
56. Antwort auf Anfeindungen 171
57. Unschöne Gedanken 174
58. Warum finden viele nichts
    in der Gralsbotschaft? 176
59. Straft Gott? 177
60. Geist und Seele 180
61. Was sind Verleumder? 181
62. Abd-ru-shins Stellungnahme
    zu bestehenden Vereinigungen 183
63. Irdisch-praktische Ratschläge 186
64. Gralsbotschaft sprengt Sekten 187
65. Was ist ernstes Suchen? 190
66. Minderwertigkeitsgefühle 192
67. Der reine Tor 194
68. Röntgenaugen 195
69. Die Versuchung des Gottessohnes
    Jesus in der Wüste 202
70. Gibt es eine »Vorsehung«? 208
71. Die Ausweisung aus dem Paradiese 209
72. Arbeit ohne Freude 213

INHALTSÜBERSICHT IN DER REIHENFOLGE DER FRAGEN

73. Gruppenseele 215
74. Fehler trotz besten Wollens 218
75. Nichterkennen des Wirkens Gottes 219
76. Natürlicher und gewaltsamer Tod 221
77. Gnade und Gerechtigkeit 223
78. Inka-Schicksal 224
79. Anfeindungen 227
80. Angriffe durch Kirchen und Sekten 229
81. Gebete 232
82. Wunder Jesu 234
83. Bringt die Großzüchtung des Vorderhirns
    körperliche Nachteile? 237
84. Richtige Einschätzung der Mitmenschen 239
85. Geben und empfangen 241
86. Ist Abd-ru-shin Jude? 244
87. Ist irdische Auferstehung möglich? 246
88. Entgegnung auf Angriffe 250
89. Krebsforschung 255
    Schluß-Erklärung 257

INHALTSÜBERSICHT
IN ALPHABETISCHER REIHENFOLGE

Abd-ru-shins Stellungnahme zu bestehenden
   Vereinigungen 183
Anfeindungen 227
Angriffe durch Kirchen und Sekten 229
Anrufung von Heiligen 136
Anthroposophie 168
Antwort auf Anfeindungen 171
Anziehung der Gleichart 107
Arbeit ohne Freude 213
Bringt die Großzüchtung des Vorderhirns körperliche
   Nachteile? 237
Buddha 132
Buddhismus 45
Christus und die Wiederinkarnierung 106
Das Duell 119
Das Rätsel von Konnersreuth 53
Das Verhältnis der Gralsbotschaft zu anderen
   Lehren 142
Der Fall Konnersreuth 87
Der Menschensohn 121
Der reine Tor 194
Der Schächer am Kreuze 66
Der vom Licht Berufene 163
Die Ausweisung aus dem Paradiese 209

INHALTSÜBERSICHT IN ALPHABETISCHER REIHENFOLGE

Die Gralsbewegung	21
Die Konfirmation	17
Die Kunst des Atmens	24
Die Versuchung des Gottessohnes Jesus in der Wüste	202
Durch Mitleid wissend	123
Eigentliche Schöpfung und stoffliche Welt	73
Entgegnung auf Angriffe	250
Erkennung von Inkarnationen aus Fotografien	99
Fehler trotz besten Wollens	218
Furchtsame Gläubige	50
Geben und empfangen	241
Gebete	232
Geist und Seele	180
Gibt es eine »Vorsehung«?	208
Gnade und Gerechtigkeit	223
Gotteskindschaft	48
Gottmenschen	20
Gralsbotschaft sprengt Sekten	187
Gralsbotschaft und Juden	144
Gralsdienst	166
Gruppenseele	215
Hat Abd-ru-shin Gegner?	34
Inka-Schicksal	224
Irdisch-praktische Ratschläge	186
Ist Abd-ru-shin ein Seher?	100
Ist Abd-ru-shin Gegner der Astrologie?	86
Ist Abd-ru-shin Jude?	244

INHALTSÜBERSICHT IN ALPHABETISCHER REIHENFOLGE

Ist irdische Auferstehung möglich? 246
Kann ein von einem Dämon besessener Mensch
 geheilt werden? 103
Kirchenbesuch 25
Kommen alle Fragen zur Beantwortung? 69
Krebsforschung 255
Kreuzestod des Gottessohnes 37
Lorber 115
Menschensohn als Richter 147
Minderwertigkeitsgefühle 192
Mystik, Okkultismus und Spiritismus 75
Natürlicher und gewaltsamer Tod 221
Nichterkennen des Wirkens Gottes 219
Offenbarung des Johannes 40
Pendeln 112
Prüfstein für Okkultismus 117
Prüfung des Wortes 158
Richtige Einschätzung der Mitmenschen 239
Röntgenaugen 195
Rückfall in alte Fehler 27
Schluß-Erklärung 257
Sekten und ihr Wirken 130
Soziale und politische Betrachtungen 22
Spiritisten 109
Straft Gott? 177
Ungläubige Prediger 14
Unschöne Gedanken 174
Verantwortung der Richter 13

INHALTSÜBERSICHT IN ALPHABETISCHER REIHENFOLGE

Verlagszeichen 32
Verleugnung der Gotteskindschaft 15
Vorwort 7
War Christus Vegetarier? 72
Warum finden viele nichts in der Gralsbotschaft? ... 176
Was ist Energie? Und was ist Schwerkraft? 89
Was ist ernstes Suchen? 190
Was ist Wahrheit? 150
Was sind Verleumder? 181
Wechselndes Geschlecht bei Wiederinkarnierungen .. 68
Welche Schulung hatte Abd-ru-shin? 35
Wer war die Seele des Rätsels von Konnersreuth? 102
Wiederinkarnierung und Konfession 127
Wie war es vor der Schöpfung? 153
Wohltaten aus Ehrsucht 9
Wunder Jesu 234